知っておきたい
成年後見制度

春風事務所 司法書士 **藤田真弓** 著

春風事務所 看板猫 **花沢花子** 協力
かふぇ きゃっとている 看板猫 **レア**

税務経理協会

まえがき

　成年後見人として，さまざまな方の人生に関与し，既に何人もの方を見送っています。成年後見人として活動をするなかで，担当する方がしっかりとされているときにお会いできていたら，これを聞いておきたかったと感じること，こういう準備をしておいてもらえれば，よりその方の意思に沿ったお手伝いができたのに，ともどかしく感じることが多々ありました。

　自分が認知症になったり，事故でこん睡状態になり，自分の希望や意思を他人に伝えることができなくなったときであっても，自分の好みの生き方をするにはどのような選択肢があり，何を用意したらよいのか，若い人であってもすぐにしたほうがよいことは何か，後見の現場で学んだことをお伝えします。

　選択肢の1つとして外せないのが，成年後見制度です。自分が親族等の成年後見人になる可能性もありますし，自分に将来成年後見人が選任される可能性もあります。また，これから市民後見人として活躍をしようと思っている方もいらっしゃるでしょう。

　本書は，成年後見制度とはなにか，成年後見人等になったらどのようなことをするのか，またはしてはいけないのか，判断に迷ったときはどうしたらよいのか，利用する場合の注意点や上手な活用方法にはどのようなものがあるか等について説明しています。少しとっつきにくい制度ですので，実際にどのように利用されているか，事例を多くご紹介しています。少しでも身近に感じていただければ嬉しいです。

　また併せて，認知症等ではなく，成年後見制度を利用するケースではないけれど，体が自由に動かないので，子供が親の代理人として預金をおろしたり，役所の手続きをする場合の注意点，将来頼れる親族がいない場合に，入院したときの対応や死亡後の葬儀を他人に頼むには，何を準備したらよいのかなどもご紹介しています。

本書が，これから成年後見人などになる方，そして自分の老後を安心して過ごしたい方のお役に立てれば幸いです。

2015年早春

著　者

まえがき

＊アシスタントのご紹介＊

花沢花子（春風事務所看板猫）

　人間年齢だと60歳，シニアの入り口です。名前が長いので，本書では単に花子と呼んでいます。

レ　ア（かふぇきゃっとている看板猫）

　対話型で説明したいけれど，あいにく花子しかいないため，知人のかふぇきゃっとているさんの猫さんを拝借いたしました。かふぇきゃっとているさん，ご協力ありがとうございます。

　人間年齢では30歳です。

目　次

まえがき

第1章　統計に見るシニアライフ …………………………………1
　1.1　人口の減少と高齢化 ……………………………………………2
　1.2　何歳までの収支計画を立てればいいの？ ……………………3
　1.3　認知症になる確率は？ …………………………………………5
　1.4　認知症高齢者の住まい …………………………………………7
　1.5　誰と暮らしているのだろう？ …………………………………9

第2章　こんなときはどうする？ ………………………………11
　2.1　訪問販売被害 ……………………………………………………12
　2.2　相続手続きができない …………………………………………14
　2.3　代わりにやってほしい …………………………………………15
　2.4　親亡きあとの問題 ………………………………………………16

第3章　成年後見制度 ………………………………………………17
　3.1　制度の概要（補助・保佐・後見）……………………………18
　3.2　どのようなきっかけで利用を始めたのか ……………………23
　3.3　補助，保佐，後見のイメージ …………………………………25
　3.4　補　　　助 ………………………………………………………29
　3.5　保　　　佐 ………………………………………………………34
　3.6　後　　　見 ………………………………………………………35
　3.7　制度を利用するまでの流れ ……………………………………40
　　3.7.1　診断書を取得しよう ………………………………………40

3.7.2　家庭裁判所の管轄を確認しよう ……………………… 45
　　3.7.3　誰が申立人になれるのか ……………………………… 45
　　3.7.4　誰が後見人等に選任されているのか ………………… 48
　　3.7.5　書類の準備をしよう …………………………………… 55
　　3.7.6　申立てをしよう ………………………………………… 60
　　3.7.7　申立て後の流れ ………………………………………… 63
　　3.7.8　申立てから審判までどのくらいの時間がかかるのか？ …… 70
　　3.7.9　費用は？ ………………………………………………… 71
　3.8　財産を預けて大丈夫なの？ …………………………………… 73
　3.9　後見制度支援信託 ……………………………………………… 75

第4章　担い手不足が心配されている成年後見制度 ……… 79
　4.1　どのくらい利用されているのか ……………………………… 80
　4.2　どんな人が利用しているのか ………………………………… 81
　4.3　日本の人口統計から見る将来の利用者数 …………………… 82

第5章　市民後見人になるには …………………………………… 83
　5.1　市民後見人とは ………………………………………………… 84
　5.2　市民後見人へのニーズ ………………………………………… 85
　5.3　誰でもなれるの？ ……………………………………………… 89
　5.4　市民後見人になるには？ ……………………………………… 90
　5.5　市民後見人活用の課題 ………………………………………… 95

第6章　後見人等がすべきこと …………………………………… 99
　6.1　就任時，家庭裁判所への報告 ………………………………… 100
　6.2　後見人の日常的な仕事 ………………………………………… 102
　6.3　家庭裁判所への報告・報酬額の目安 ………………………… 103

目　　次

第7章　後見人等が直面する問題 ……………………………… 115
7.1　不動産を処分するには ………………………………… 116
7.2　身元保証人になることを求められたら ……………… 120
7.3　遺産分割をするには …………………………………… 121
7.4　入退院手続き …………………………………………… 123
7.5　医療行為への同意，医療方針宣言公正証書作成のお勧め ……… 125
7.6　本人が亡くなったら …………………………………… 134

第8章　後見人等が注意すべきこと …………………………… 147
8.1　本人の財産を借りる，使い込む ……………………… 148
8.2　本人の意思の尊重 ……………………………………… 150

第9章　判断に迷ったら？ ……………………………………… 151
9.1　誰に聞くのか …………………………………………… 152
9.2　研修を受けよう！ ……………………………………… 153

第10章　成年後見制度を利用するときの注意事項 …………… 155
10.1　本人のための制度です ………………………………… 156
10.2　申立ての取下げは自由にはできません ……………… 159
10.3　基本的にお亡くなりになるまで続きます …………… 159
10.4　財テクはダメ …………………………………………… 159

第11章　自分がしっかりしているときに準備できること …… 161
11.1　継続的見守り契約 ……………………………………… 163
11.2　財産管理等委任契約 …………………………………… 163
11.3　任意後見契約 …………………………………………… 166
11.4　任意後見と法定後見の違い …………………………… 169
11.5　死後事務委任契約 ……………………………………… 174

3

11.6　どのように使われているか …………………………………… 175
11.7　遺　　言 …………………………………………………………… 181
11.8　一考の価値がある家族信託 …………………………………… 184
　11.8.1　親亡きあとの問題 …………………………………… 184
　11.8.2　その他の家族信託の活用例 ………………………… 190
11.9　こんな使い方もあります（補助）…………………………… 193
11.10　すぐできることから …………………………………………… 195

第12章　成年後見制度を使うほどではないけれど・・・
　　　　というときには …………………………………………… 199
12.1　役所でできる届出 ……………………………………………… 200
12.2　金融機関での代理人届 ………………………………………… 200
12.3　社会福祉協議会のサービスを利用する ……………………… 201

第13章　成年後見制度の今後の展望
　　　　～代行決定から意思決定支援へ ……………………………… 203

付　　相談窓口 ……………………………………………………… 207

第1章
統計に見るシニアライフ

　この本では，認知症になったとき，体が動かなくなったときや死亡後の問題についてどういう対処や備えができるかについて説明しています。老後の不安は，金銭面，健康面，住む場所など，さまざまですが，どうなるか分からないから不安，という側面も大きいと思います。
　老後はどうなるのか，統計を見てみましょう。

1.1　人口の減少と高齢化

　日本の人口及び総人口に占める65歳以上の人口の割合は，今後どうなるのでしょうか？

　65歳以上の人の割合は，平成24年では100人中24人ですが，33年後の平成57年には100人中37人が65歳以上となり，急速な高齢化が進みます。総人口は，平成57年は1億人を超えていますが，以後10年毎に1,000万人ずつ減り，平成97年には現在の人口の約半分の6,100万人になると推定されています。

人　口　推　移

出所：総務省統計局より　http://www.stat.go.jp/data/nihon/02.htm

第1章 統計に見るシニアライフ

1.2 何歳までの収支計画を立てればいいの？

　日本人の平均寿命は，平成24年度で，男性79.94歳，女性86.41歳です。老後の生活で悩ましいこと，そして後見人として本人の財産を預かり，収支計画をたてるときに一番悩ましいことは，寿命が分からないことです。

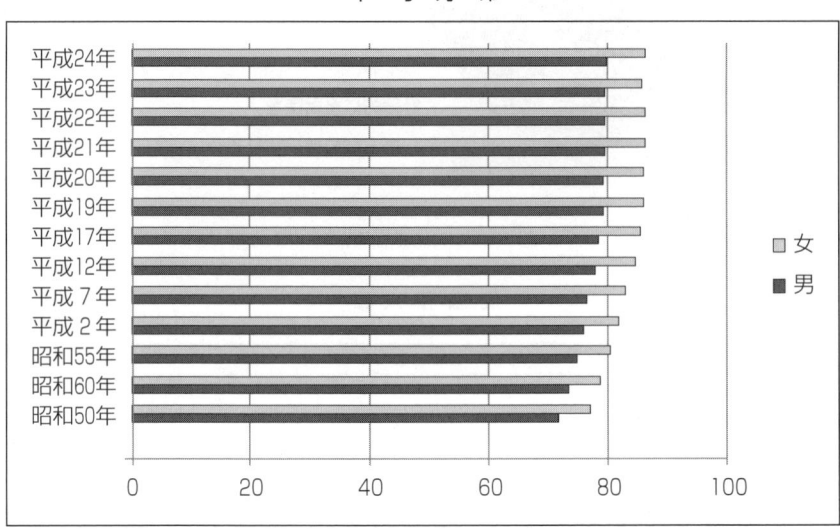

出所：総務省統計局より　http://www.stat.go.jp/data/nihon/02.htm

寿命が分れば財産を
安心して使えるのにな。

うっわ、
計画的に全財産を
きっちり使い切りそう。

平成24年度統計によれば，80歳以上の年齢別人口は，次のとおりです。

高齢者人口　　　　　　　　（単位　1,000人）

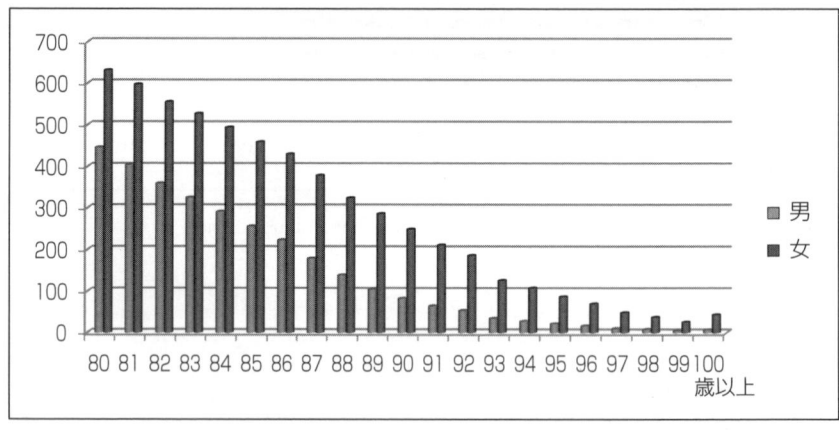

出所：総務省統計局より　http://www.stat.go.jp/data/nihon/02.htm

　男性は93歳，女性は97歳のときに5万人を切ります。平均寿命のほかに，この年齢も収支計画を立てるときの目安になります。

第1章　統計に見るシニアライフ

1.3　認知症になる確率は？

　高齢になると，体力や判断力が落ち，人の手を借りて生活する方も増えてきます。現在の高齢者の中で，認知症の人，自立して生活している人の割合，どこに住んでいるのか，を次の資料で見ていきましょう。

　厚生労働省　老健局　都道府県・指定都市認知症施策担当者会議資料
　http://www.mhlw.go.jp/stf/shingi/2r98520000035rce.html

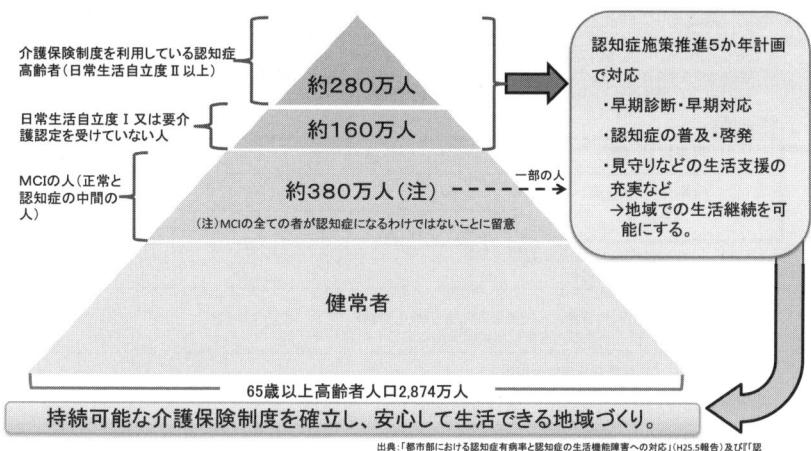

　認知症になる割合は，65歳以上の高齢者の認知症有病率は15％と推定されています。10人中，1人か2人が認知症になるというのは，結構高い確率です。80歳以上，90歳以上と区切った場合には，さらにこの比率は上がります。

5

うーんっ
ペットも認知症になる時代やしね。
ま、あたいは認知症にならんから
関係ないけれど。

平成22年に介護保険制度を利用している認知症高齢者は280万人ですが、将来的にはどのくらいになるのでしょうか？

(その2)
「認知症高齢者の日常生活自立度」Ⅱ以上の高齢者数について

. 認知症高齢者数
○ 平成22年（2010）で「認知症高齢者の日常生活自立度」Ⅱ（※）以上の高齢者数は280万人であった。

〔算出方法〕
①平成22年1年間の要介護認定データを基に、「認知症高齢者の日常生活自立度」Ⅱ以上の認知症高齢者割合を算出した。
②年間データでは同一人物で複数回要介護認定を受けている者がいるので、平成15年と同月である平成22年9月の要介護認定データに上記①の割合（性別・年齢階級別・要介護度別認知症高齢者割合）を乗じて算出した。

※ ただし、この推計では、要介護認定申請を行っていない認知症高齢者は含まれない
※ 日常生活自立度Ⅱとは、日常生活に支障を来すような症状・行動や意志疎通の困難さが多少見られても、誰かが注意すれば自立できる状態。（次頁の参考「認知症高齢者の日常生活自立度」参照）

. 将来推計 (単位：万人)

将来推計（年）	平成22年(2010)	平成27年(2015)	平成32年(2020)	平成37年(2025)
日常生活自立度Ⅱ以上	280	345	410	470
	9.5%	10.2%	11.3%	12.8%

※平成24年（2012）を推計すると、305万人となる。
※下段は65歳以上人口に対する比率

〔算出方法〕
○将来推計人口（国立社会保障・人口問題研究所：H24.1推計。死亡中位出生中位）に、上記1の算出方法による平成22年9月の認知症高齢者割合を性別年齢階級別に乗じて推計した。

(参考：平成15年 高齢者介護研究会報告書) (単位：万人)

将来推計（年）	平成14年(2002)	平成22年(2010)	平成27年(2015)	平成32年(2020)	平成37年(2025)
日常生活自立度Ⅱ以上	149	208	250	289	323
	6.3%	7.2%	7.6%	8.4%	9.3%

平成37年には、現在の約1.6倍の470万人になると推計されています。**参考に**あるように、平成15年度の推計では323万人でしたので、実際にはもっと多くなると予想されます。

1.4 認知症高齢者の住まい

認知症の高齢者は，どこで暮らしているのでしょうか？

(その3)

3. 認知症高齢者の居場所別内訳（平成22年9月末現在）

(単位:万人)

	居宅	特定施設	グループホーム	介護老人福祉施設	介護老人保健施設等	医療機関	合計
日常生活自立度Ⅱ以上	140	10	14	41	36	38	280

※端数処理の関係により合計は一致しない。
※介護老人保健施設等には，介護療養型医療施設が含まれている。

自宅とそれ以外の場所が，半々の割合となっています。

認知症の高齢者が自宅での暮らしが限界になったとき，以後どこで暮らすかの選択肢には，さまざまなものがあります。

特別養護老人ホーム（介護老人福祉施設）	地方公共団体や社会福祉法人が設置している，要介護者が対象の施設。費用が安いので人気があり，待機者が多数のため，入居するのが困難なホームが多い。
介護老人保健施設	リハビリ訓練をして家や施設に復帰することを目指した施設。施設の趣旨から，原則として3か月ほどの利用期間となっている。
介護療養型医療施設	介護を受けることができる医療施設。長期療養を必要とする高齢者，精神病患者などのための施設。
介護付有料老人ホーム（特定施設）	民間事業者の経営する老人ホーム。入居時に入居金が必要。最近は低額な入居金，月額費用のところもある。特徴，サービスはさまざま。
住宅型有料老人ホーム	食事等の生活支援サービスがついた施設。介護は外部の介護サービスを利用。
グループホーム	自立して暮らせる認知症高齢者，障がい者が対象で，スタッフとともに共同生活をする。
サービス付き高齢者向け賃貸	自立して暮らせる人が対象。見守りや生活支援をするスタッフが常駐する賃貸住宅。
軽費老人ホーム（ケアハウス）	自立して暮らせる高齢者が対象。食事などの生活支援サービスが受けられる。費用は安い。介護が必要な場合は外部の介護サービスを利用。自立して暮らせなくなると退去しなくてはならない。

どんなによいサービスを受けられる施設でも，慣れ親しんだ自宅に勝る場所はありません。できるだけ自宅で要介護者が過ごせるようにするため，定期循環・随時対応型訪問介護看護が平成24年4月に創設されました。これは，1週間に数度，長時間の介護サービスを受ける現行のものとは異なり，1日に数度，短時間訪問し生活を支えるものです。このサービスが拡充されれば，自宅でずっと過ごせる人が増えると期待されています。

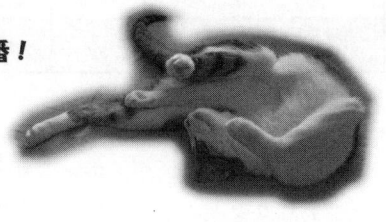

家が一番！

せやせや。

第1章 統計に見るシニアライフ

1.5 誰と暮らしているのだろう？

最後に，高齢者世帯の人数や構成員は，どうなっているかを見てみましょう。

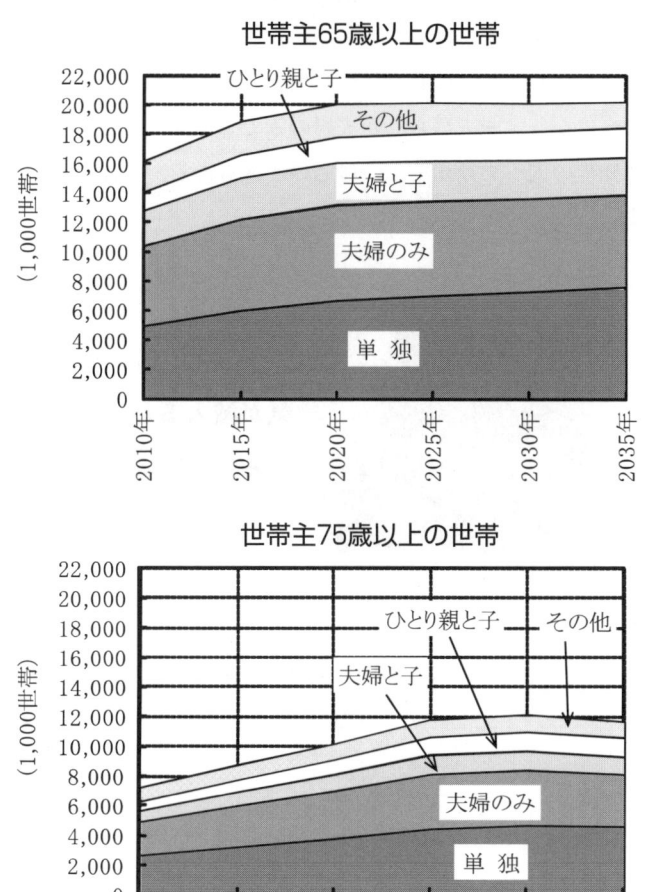

世帯主65歳以上・75歳以上の世帯の家族類型別世帯数の推移（2010〜2035年）

国立社会保障・人口問題研究所『日本の世帯数の将来推計（全国推計）』（2013（平成25）年1月推計）より。

http://www.ipss.go.jp/pp-ajsetai/j/HPRJ2013/t-page.asp

単独，もしくは夫婦のみの世帯の割合の多いことが分かります。

これらの推計から，日本の将来は，長生きする人が増えていて，10人に1～2人は認知症になり，一人暮らしか夫婦のみで暮らす人が多く，世帯内だけでは介護や認知症の人へのサポートが難しいときもある，そんな時代になると予想されます。

気が滅入るわ～、
明るい材料はないの？

明るい材料については，次章以降でご説明します。

第2章
こんなときはどうする？

　老後，死後の対策として，成年後見制度や家族信託など，さまざまな不安に備えられる仕組みがあります。どんなときに何が使えるのか，歳をとって体が思うように動かなくなったり，しっかりした判断ができなくなったときに直面しそうな，4つの困った事例とその対策を見てみましょう。

2.1 訪問販売被害

　花子は，一人暮らしをしています。物忘れがひどくなってきたので，息子のレアがたびたび訪ねてきてくれます。ある日レアが訪ねると，生活費が足りないので援助してくれ，と言われました。花子の年金は生活費を補うだけの額があるため，何に使ったかを聞いたところ，

　「毎週のように来てくれる布団の販売員の人がいて，その人が売上げで困っているというので，布団を2組買ったの。そうしたらね，翌週から今度は浄水器の販売員の人が来るようになったの。健康は水からだ，といって勧めてくれたんだけど，80万円もするから無理よ，と言ったら，カードで分割払いする方法を教えてくれたの。このところいろんな人が来てくれるから楽しいんだけれど，カードの分割払いで生活費が足りなくなっちゃったのよ。」

みんな親切で
優しい方ばかりなのよ〜　うふふ

お金があるとき限定の
「いい人」だよ！

第2章 こんなときはどうする？

　レアが見た範囲でも，布団は6組，浄水器は2台もありました。花子には不必要な数を購入した認識がなく，しっかりとした判断ができているとは思えない状態です。
　クーリングオフができるものはしましたが，今後も花子が訪問販売で不必要なものを購入し，生活費が足りなくなる恐れがあります。どうしたら，花子は安心して暮らせるのでしょうか？

　🐾　レアは，成年後見制度を利用して，花子を守ることを検討しましょう。後見人には，すでにした契約を取り消す権限があります。訪問販売業者のなかでは，購入者リストが高額で販売されているようで，一度被害に会うと次から次に被害にあうケースが多いようです。今までの被害について解決するとともに，今後の被害を防ぐために，成年後見制度を使いましょう。

取消と無効

　取消と無効，法律効果が発生しないという点では一緒ですが，いろいろな違いがあります。
　取　　消……一度有効に成立した法律行為をなかったことにすること。
　　　　　　例】未成年の子が親の同意なくした行為は取り消せる。
　無　　効……当初より何も効力が生じなかったことにすること。
　　　　　　例】妾契約等，公序良俗違反の契約は無効。
　無効は，そもそも効力が生じてないので，誰でもいつでも無効を主張できますが，取消は取消権を行使できる人が，一定期間内に取り消してはじめて効力がなくなります。取り消しうる行為を放置して取消期間が経過すると，有効になります。取り消しうる行為は取消権者がその行為を取り消さず追認して有効にすることができますが，無効な行為は追認という余地はありません。
　何を無効とし，何を取消事由とするのか，つまり，法的効果を全否定す

13

るほうがよいのか（無効），不利益を受けた者が保護を受けたいときにのみ法的効果を否定すればよいのか（取消）の選択は，立法政策の問題といえるでしょう。

2.2 相続手続きができない

　花子は，夫と郊外の一軒家に住んでいました。息子のレアは独立し，別の場所に住んでいます。ある日，夫が急死してしまいました。葬儀が終わって一段落した後も，レアは花子の様子を定期的に見に来ていたのですが，最近，電気料金滞納の請求書があったり，灯油がなくストーブがつかなかったり，財布や家の鍵の場所が分からないという異変が起きるようになりました。どうも花子は，認知症のため家計管理ができなくなっているようです。あるときは，外出した花子が家への帰り方を忘れてしまい，警察から保護している旨の連絡が入り，慌てて迎えに行きました。一軒家の管理も大変ですので，これを機に家を売却して，その売買代金を老人ホームの入居金とその後の生活費の足しにしようということになりました。まずは家の名義を夫から花子にしようと思い，レアが司法書士に相談したところ，今のままでは相続手続きができないと言われました。

なんで、手続きできないの？

第2章　こんなときはどうする？

　🐾　花子に判断能力が欠けているため，相続についての話し合いが有効にできません。成年後見の申立てをして，花子の代わりに遺産分割協議をしてくれる人を選任してもらいましょう。

2.3　代わりにやってほしい

　花子はとてもしっかりしていますが，病気の影響で弱視になり，一人で気軽に外出することが難しくなりました。また，役所からの書類などを読むのにも時間がかかり，指定箇所へ署名・押印して返送するような作業も困難な状態です。自分の代わりに，こういったことを誰かにやってほしいと感じています。また，いつ発作が起きて入院するかもしれないので，そのときは入院手続きや医療費の支払いをしてほしいと思っています。

🐾　花子はしっかりしているので，成年後見制度は利用できません。自分が手助けしてほしいことを委任できる人を見つけ，やってもらいたいこと，一人でするのは不安なことなどをお願いしましょう（詳しくは163ページの財産管理等委任契約へ）。

2.4　親亡きあとの問題

花子には，知的障がいの子供のレアがいます。自分がしっかりしている間は，レアのことは自分で面倒を見ていきたいと思っていますが，自分が認知症になったときや死亡した後にレアが安心して暮らすには，どうしたらよいのか不安です。

🐾　花子は，自分の老後のために任意後見契約をして，レアのために成年後見制度を利用しましょう。自分が元気な間はレアの後見人に花子がなり，自分が認知症になったときや死亡したときは，家庭裁判所が選任する後見人にバトンタッチしましょう。また，家族信託という選択肢もあります（詳しくは184ページへ）。

第3章
成年後見制度

　成年後見制度のうちの法定後見制度について，詳しく説明します。法定後見制度には，補助，保佐，後見の3タイプがありますが，それぞれどのような制度なのか，まずはイメージを掴んでください。
　後見等を家庭裁判所に申し立てるときに必要な書類や費用の説明のほか，どのように利用されているのかが分かりやすいよう，誰が申し立てているのか，申し立ててからどのくらいで終結しているのかについて，裁判所の統計もご紹介しています。

3.1 制度の概要（補助・保佐・後見）

　成年後見制度とは，認知症や精神障がい，知的障がいなどの理由で，**判断能力が不十分な方を法的にサポートする仕組み**です。本人の意思を尊重し，心身，生活状況に配慮しながらご本人の財産を管理したり，必要な法律行為を代理したりすることで，本人の生活を支援します

　成年後見制度には，大きく分けて法定後見制度と任意後見制度の２つがあります。

　法定後見制度は，判断能力が不足している方が対象で，何をどのくらいサポートする必要があるのか，本人の判断能力の程度によって，補助，保佐，後見の３タイプに分かれています。サポートする割合が軽い順に，補助，保佐，後見となっています。

　この本では，成年後見，保佐，補助の３類型をまとめて表現するときは「後見等」，支援が必要な人を「本人」，支える側の人（成年後見人，保佐人，補助人）を「後見人等」と表記します

　任意後見制度（詳しくは166ページ以下をご覧ください）は，将来，認知症などになり判断能力が不十分になる場合に備えて，自分がしっかりしているときに，将来，支援を依頼する予定の人と契約をするものです。判断能力が不十分になったときにはじめて効力を生じるという意味では，保険と似た性質があります。

　まずは，法定後見制度についてご説明します。

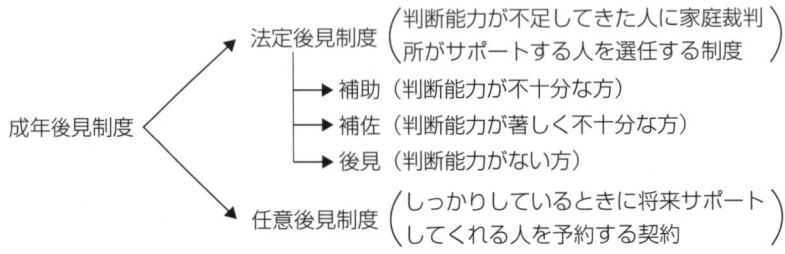

18

第3章　成年後見制度

後見？
後ろを見る？
尻尾が見えるな。
で？

サポートする人が後ろから見る、です。
うしろだてとなり、支えるという意味です。

　なお，後見には成年後見と未成年後見（未成年者の後見）がありますが，この本では未成年後見には触れませんので，「成年」を省き「後見人」と表記します。

　後見人等の役割は，その人がしっかりしていたら，本来その人がしたであろうこと，すべきことをすることです。本人が，認知症などでこれらのことができない場合や，するのに不安があるときに，一緒に相談しながらしたり（同意），代わってしたり（代理）します。

　私達の生活は，契約であふれています。八百屋でスイカを買うのは売買契約，アパートを借りるのは賃貸借契約，美容院でカットしてもらうのは請負契約，要介護の方がケアプランに基づきヘルパーさんに掃除をしてもらったり食事をつくってもらったりするのは介護事業者との介護契約，一人では生活できなくなったときに老人ホームに入居するのは入居契約です。

19

スイカ買う時に
「売買契約をしている。」
と意識したことは
あらへんけどね。

このスイカおくんな。
なんぼ？
ちょいまけてぇな。

不動産売買と違って契約書は
交わさないけれど、
どちらも「売買契約」です。

　民法ではそれぞれの契約について、「こうすべし」と一応定めていますが、私人間の契約については、法律の規定よりも当事者間の契約が優先されます（私的自治の原則）。

　とはいうものの、会社と一般の方が契約するような、当事者間に力関係の差があるときは、法律で制限することによって弱者保護をしています。

　たとえば、民法では売買契約の解除は一定の場合でないとできませんが、訪問販売被害やマルチ商法被害が相次いだため、一定期間内ならば無条件で解除ができるクーリングオフを特定商取引法等で導入して、消費者を保護しています。

　このような法律の制限がなく、妾契約のような公序良俗に反する内容でなければ、どのような契約をするかは自由で、その契約をした結果は、自己責任となります。

契約が有効に成立するには，契約の当事者が双方ともきちんとした判断能力を備えていることが必要です。判断能力が欠けた人がした契約は，のちに無効とされる恐れがあります。だからといって，そのような状態の人が取引をまったくできないとなると不都合ですね。

　たとえば，一人暮らしをしている花子が認知症になり，老人ホームに入居することになったとします。入居金やその後の生活費も必要ですし，もう一度家に戻って一人暮らしをするのは難しいので，住んでいた花子名義の家を売る必要が出てきました。不動産を売る契約，老人ホームの入居契約が必要となりますが，ともすると息子の顔すら忘れてしまうような状態の花子が，細かな条件を検討し，判断することはできません。そのため，花子に後見人をつけて，後見人が花子に代わって，これらの契約をするかどうか，その内容は妥当かどうかを検討し，花子を代理して契約をします。

　取引の相手（不動産の買主や，老人ホーム事業者）にとっても，後見人がいるほうが安心です。意思能力がない者がした行為は無効になるという判例もありますので（大審院明治38年5月11日判決），花子と契約をすることは，後日，契約が無効とされるリスクを取引の相手先が負うことになります。大きな額が動く取引で，そんなことがあっては大変です。

　それならば，花子とは取引しませんよ，不動産は買いません，老人ホームの入居もできません，ということになると花子が困ってしまいます。そこで後見制度を利用することにより，花子の後見人がきちんと成立する契約をし，取引の安全を確保しています。

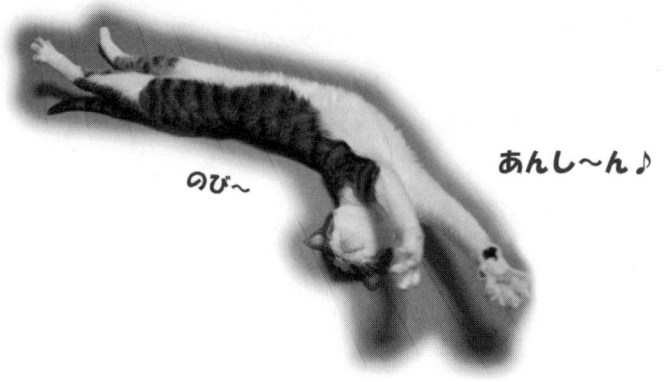

　後見人等は，本人の財産を代理して使い道を決め，本人のために必要な契約をする大きな役割を担っているので，家庭裁判所が選任することになっています。

第3章　成年後見制度

3.2　どのようなきっかけで利用を始めたのか

　認知症等の方を守る成年後見制度があるのは知っていても，家庭裁判所が関与するためにハードルが高いと感じる方が多いようです。生活するうえで特に支障がなければ，申立てをしていないのが現状だと思われます。

　では，どんなきっかけで申立てをする人が多いのでしょうか？　最高裁判所事務総局家庭局が毎年出している統計，「成年後見関係事件の概況」の平成25年度版を見てみましょう。

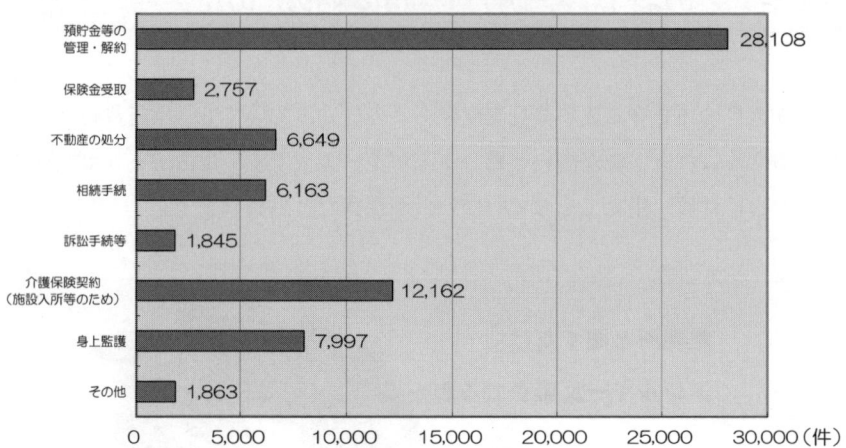

(注1)　後見開始，保佐開始，補助開始及び任意後見監査人選任事件の終局事件を対象とした。

(注2)　1件の終局事件について主な申立ての動機が複数ある場合があるため，総数は，終局事件総数（34,105件）とは一致しない。

http://www.courts.go.jp/about/siryo/kouken/

　圧倒的に，預貯金等の管理・解約が多く，ついで介護保険契約となっています。申立ての動機になるのは，次のようなケースに直面したときのようです。

○　母に代わって老人ホームの入居金を振り込もうと思ったら，実の子でも委任状や代理人の届けをしないとできないと言われた。しかし，母がそもそもそういうことを理解できる状態ではなくて困った。

○　認知症の母のかわりに生活費をおろしに銀行へ行ったのに，窓口で断られたため，おろせなかった。

○　身寄りのない認知症の方が老人ホームに入居することになったが，契約ができなくて困った。

○　夫の死亡保険金がおりるが，受取人の妻が認知症で手続きができない。

第3章　成年後見制度

金融機関や介護事業所等の身内以外の第三者に,「成年後見制度を利用しないと取引できませんよ。」と言われたことがきっかけで,申立てをしているように感じられます。

3.3　補助,保佐,後見のイメージ

成年後見制度は,判断能力が不十分な方を法的にサポートする仕組みです。どの程度のサポートが必要かにより,3タイプに分かれています。どのタイプになるかは,最終的に家庭裁判所が決定します。それぞれどのような特徴があるかは,以下に詳しく説明しますが,まずはイメージを掴んでください。

現在住んでいる家を売って,老人ホームに入居するとします。

【サポート度合が一番軽い補助の場合】

なぁ、一軒家の管理大変やし売って
老人ホームに入ろう思うてるんやけど
一人でするのは不安やしようしきれんから
一緒にやってくれへん？

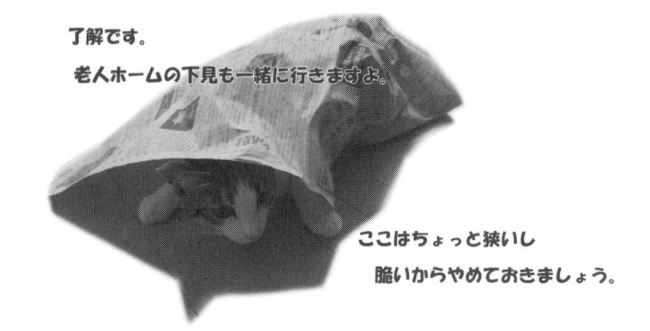

了解です。
老人ホームの下見も一緒に行きますよ。

ここはちょっと狭いし
脆いからやめておきましょう。

25

補助は，自分が必要なことだけ手伝ってもらうものです。何をしてもらいたいかを選択して家庭裁判所に申立てをし，家庭裁判所がそれを検討し，必要な権限を補助人に付与します。

【補助の人よりはサポートが必要な保佐の場合】

老人ホームに入るには
家を売らないと資金繰りが
難しいですが，どうしましょうか？

ほなら，この家売ろうがね。

手続きよろしくな。

　不動産の売買をするときや建物を新築したりリフォームするとき，借金をするときなど，慎重に検討をしたほうがよい重要な行為をするときは，必ず保佐人と一緒にすることが必要です。その他，本人の希望に応じて，保佐人に預貯金の管理や介護契約の代理をしてもらうこともできます。

第3章　成年後見制度

【一番サポートが必要な後見の場合】

一人暮しはもう限界ですね。老人ホームを探しましょう。
ここは、ちょっと狭すぎるかな。

ご自宅は、入居金と生活費に充てるために売りましょう。

そうなん？

任せるわ〜

　判断能力がない方をサポートするものなので，基本的には**全て後見人にお任せ**です。後見人には，非常に広範な代理権と取消権が与えられます。
　当然に与えられる権限が何もなく，本人が希望する代理権や同意権を与えられるのが補助。全てお任せなのが後見。その中間の保佐は，重要なことをするときは必ず保佐人と一緒にすることが必要となり，本人の希望に応じて，それ以外の行為についても保佐人と一緒にしたり，代理してもらえるというイメージです。

　もう1例，本人と後見人等の関係と，どのように本人の人生の決断をしていくかのイメージとして，見知らぬ病院に地図を見ながら行く場合をご紹介します。

補助は，本人と補助人が横に並び，手をつないで一緒に歩き，本人が持つ地図を見ながら目印を見つけ，行くべき道が分からないときは一緒に地図を見て検討したり，周りの人に道を聞いたりしながら進みます。

（補 助 図）

「一緒に行ってね」　「はい」

本人　補助人

保佐は，補助と同じく本人と保佐人が手をつないでいますが，保佐人が地図を持ち，少し前に出て本人をリードしているイメージです。道に迷ったときは，保佐人が積極的に現在位置をスマホで調べたり，周りの人に道を聞いて情報を整理したうえで保佐人に分かりやすく説明し，病院を目指します。

（保 佐 図）

「この交差点は右に進みましょう」　「そうしましょう」

保佐人　本人

第3章　成年後見制度

　後見は，具合の悪い本人を後見人がおんぶして，病院を目指します。後見人は事前に，どのように病院に行くか調べ，複数の方法のうち，本人が希望するであろう方法で，しかも社会一般的な見地から見ても相当な方法を選択します。病院に行く途中で道に迷ったら，後見人が現在位置を調べたり，周りの人に道を聞いて，本人が進むべき道を模索し，進みます。

（後　見　図）

大通りに出てタクシーに乗りましょう

はあ

本人

後見人

　もっと細かく，それぞれについて説明します。

3.4 補　　助

　補助は，軽度の認知症がある程度の，**判断能力が不十分な方**が対象です。本人のことを被補助人，サポートする人を補助人といいます。**申立てには，本人の同意が必要**です。保佐，後見とは異なり，**補助人に当然に与えられている権限はありません**。どんなことを手伝ってほしいのかを自分で決めて，補助の申立てをします。それが相当であれば，裁判所は補助人に同意権や代理権を与える審判をします。

29

自宅の売却をしたいが，最近物忘れが激しく契約書を読んでもよく分からないこともあり，心配なので一緒にやってほしい，銀行でお金をおろしたことを忘れて再度同じ額をおろすようなことが続いていて，金銭管理をするのが不安なので預貯金の管理を代わってやってほしい，自分の生活収支を考えて大きな買い物をするときには相談にのってほしい，父が亡くなり兄弟たちと相続の話をしなくてはならないが最近しっかりしているときとそうでないときがあるので遺産分割協議を代理してやってほしい，そのようなときに利用されています．

あれとこれは一緒に考えて．
それは代わりにやって〜

あたい、安心〜♪

はいはーい。

　補助申立てをするときに添付する，同意行為目録，代理行為目録を見ていただくと，具体的なイメージがわきます．本人に必要だと思う事項をチェックして申立てをします．

第3章　成年後見制度

【補助開始申立用】　　　　　　保佐の場合には，自動的に下記の範囲について
　　　　　　　　　　　　　　　同意権・取消権が付与されます。

同　意　行　為　目　録
　　　　　　　　　　　　　　　　　　　　　　作成者　　　　　　　　　

　必要な行為（日用品の購入その他日常生活に関する行為を除く。）にチェックしてください。
　内容については，本人の同意を踏まえた上で，最終的に，裁判所が決めます。

1　元本の領収又は利用
　□(1)　預貯金の払戻し
　□(2)　金銭の利息付貸付け

2　借財又は保証
　□(1)　金銭消費貸借契約の締結（貸付けについては1又は3にも当たる。）
　□(2)　債務保証契約の締結

3　不動産その他重要な財産に関する権利の得喪を目的とする行為
　□(1)　本人所有の土地又は建物の売却
　□(2)　本人所有の土地又は建物についての抵当権の設定
　□(3)　贈与又は寄附行為
　□(4)　商品取引又は証券取引
　□(5)　通信販売（インターネット取引を含む）又は訪問販売による契約の締結
　□(6)　クレジット契約の締結
　□(7)　金銭の無利息貸付け
　□(8)　

□4　訴訟行為
　　（相手方の提起した訴え又は上訴に対して応訴するには同意を要しない。）

□5　和解又は仲裁合意

□6　相続の承認若しくは放棄又は遺産分割

□7　贈与の申込みの拒絶，遺贈の放棄，負担付贈与の申込みの承諾又は負担付
　　遺贈の承認

□8　新築，改築，増築又は大修繕

□9　民法602条に定める期間を超える賃貸借

同意行為目録に記載されているのは，**重要な法律行為**です。同意権を補助人に与えた場合には，本人が補助人の同意なくした行為は，のちに補助人が取り消すこともできます（取消権）。

　たとえば，布団の訪問販売被害にあっている場合には，「3　(5)　通信販売（インターネット取引を含む）又は訪問販売による契約の締結」についての同意権を補助人に与えておくことが有効です。本人にとって不利益なときは，本人がした契約を取り消すことができます。

　本人が親族に泣きつかれるとついお金を貸してしまう人ならば，貸付をすることにつき補助人に同意権を与えておけば，本人が補助人の同意なくお金を貸した場合でも，補助人が後日その契約を取り消して，本人の財産を守ることができます。

【保佐・補助開始申立用】

代　理　行　為　目　録
作成者　　　　　　　　　　　　

必要な代理行為をチェックしてください。
内容については，本人の同意を踏まえた上で，最終的に，裁判所が決めます。
1　財産管理関係
　(1)　不動産関係
　　□①本人の不動産に関する取引（□売却，□担保権設定，□賃貸，□　　　　　　）
　　□②他人の不動産に関する（□購入，□借地，□借家）契約の締結・変更・解除
　　□③住居等の新築・増改築・修繕に関する請負契約の締結・変更・解除
　(2)　預貯金等金融関係
　　□①預貯金に関する金融機関等との一切の取引（解約・新規口座の開設を含む。）
　　□②その他の本人と金融機関との取引（□貸金庫取引，□保護預かり取引，□証
　　　　券取引，□為替取引，□信託取引，□　　　　　　　　　　　　）
　(3)　保険に関する事項
　　□①保険契約の締結・変更・解除
　　□②保険金の請求及び受領
　(4)　その他
　　□①定期的な収入の受領及びこれに関する諸手続（□家賃・地代，□年金・障害
　　　　手当金その他の社会保障給付，□その他　　　　　　　　　　　）
　　□②定期的な支出を要する費用の支払及びこれに関する諸手続（□家賃・地代，
　　　　□公共料金，□保険料，□ローンの返済金，□その他　　　　　　　　　　）
　　□③本人の負担している債務の弁済及びその処理
2　相続関係
　　□①相続の承認・放棄
　　□②贈与，遺贈の受諾
　　□③遺産分割又は単独相続に関する諸手続
　　□④遺留分減殺の請求
3　身上監護関係
　　□①介護契約その他の福祉サービス契約の締結・変更・解除及び費用の支払
　　□②要介護認定の申請及び認定に関する不服申立て
　　□③福祉関係施設への入所に関する契約（有料老人ホームの入居契約等を含む。）
　　　　の締結・変更・解除及び費用の支払
　　□④医療契約及び病院への入院に関する契約の締結・変更・解除及び費用の支払
4　登記・税金・訴訟
　　□①税金の申告・納付
　　□②登記・登録の申請
　　□③本人に帰属する財産に関して生ずる紛争についての訴訟行為（民事訴訟法55条2項
　　　　の特別授権事項を含む。）（＊保佐人又は補助人が当該訴訟行為について訴訟代理人となる資
　　　　格を有する者であるとき。）
　　□④訴訟行為（民事訴訟法55条2項の特別授権事項を含む。）について，当該行
　　　　為につき訴訟代理人となる資格を有する者に対し授権をすること
5　その他
　　□①以上の各事務の処理に必要な費用の支払
　　□②以上の各事務に関連する一切の事項
＊民法上，代理行為を特定するべきことになっていますので，「本人の不動産，動産等に関する管理・処分」
　といった**包括的代理権の付与**は許されません。

代理行為目録に記載されているのは，**特定の法律行為**です。補助人に預貯金を管理して欲しい，介護サービス契約を代わりにしてほしいなど，自分の代わりにしてほしいことを選んでチェックします。

3.5 保　　佐

保佐は，しっかりしているときもあるけれど，そうでないときも多々あるような，**判断能力が著しく不十分な方**が対象となります。本人のことを被保佐人，サポートする人を保佐人といいます。補助類型の人よりは保護を手厚くする必要があるため，同意行為目録に記載されている**重要な法律行為については，同意権と取消権が自動的に与えられます**。つまり，預貯金の払い戻しや借金，不動産の売買等については必ず保佐人に相談してすることになっていて，もし保佐人に相談せずに本人がこれらの行為をした場合は，本人の利益に反するならば保佐人はその行為を取り消すことができます。本人の希望があれば，他の事項についての同意権・取消権を追加することもできます。

質問！

お肉を買うために1万円をATMで引き出すにも、保佐人の同意がいるん？

いえいえ、
不要です。

日常生活に関する行為は本人が一人で有効にできますので，同意は不要です。金融機関に保佐人に就任しましたという届出をすると，保佐人の同意がないと本人が預貯金をおろせなくなりますので，本人が財布代わりに使用している少額の口座の場合は，保佐人に就任した届出をせず，従来どおり本人が自由に出し入れできるようにします。

　自動的に与えられる同意権・取消権とは別個に，本人の希望があれば，代理行為目録にあるような特定の法律行為についての代理権を保佐人に与えることもできます。

　補助とは異なり，保佐が開始すると，次のような法的制約を受けます。

① 公務員などの就業資格が失われます。
② 医師，弁護士など専門の資格を失います。
③ 会社の役員などの資格を失います。
④ 一定の重要な法律行為（お金を借りる，不動産を売る，自宅のリフォームをするなど）は，一人ではできなくなります（保佐人の同意を得てします）。

3.6　後　　　見

　後見は，重度の認知症，精神病の方や植物状態の方などしっかりしているときはほとんどない，**判断能力がない方**が対象です。本人のことを被後見人，サポートする人を後見人といいます。

　後見人には，財産管理権，身上監護についての**全般的な代理権と取消権**が与えられているため，補助や保佐の場合とは異なり，同意行為目録，代理権目録を提出して権限を選ぶことは不要です。

全部お任せ〜
ってことやな

　後見人は，本人が安心して生活できるよう，収支計画を立て，財産管理をし，身上監護をします。身上監護を後見人がするという意味は，後見人が本人の介護や買い物代行をしたり掃除をするということではなく，これらのことをしてもらう必要があるかどうか検討し，必要な介護や福祉サービスを受ける契約をしたり，一人暮らしが無理ならば老人ホームとの入居契約をするという意味です。後見人は本人の状況を把握して配慮し，必要なサービスを検討し，そのために財産をどう使ったらよいのかを決定します。

【具体例】

〔財産管理〕
- ○ 預貯金の入出金を管理，定期預金の管理
- ○ 定期的な収入の受領，費用の支払い
- ○ 収支計画を立てる
- ○ 所有不動産の管理，必要時は売却，賃貸
- ○ 賃貸不動産の賃料入金チェック，賃貸契約の締結・更新・解約，修繕手配
- ○ 所有株式，有価証券の管理
- ○ 確定申告，納税
- ○ 権利証，年金手帳，保険証書など重要書類の預かり・管理

〔身上監護〕
- ○ 生活拠点の確保，施設入退所手続き

第3章　成年後見制度

- 引越時の住民票移動，介護保険，医療保険の届け出
- 生活拠点訪問などによる本人の状況の確認
- 施設や病院の処遇の監視，必要時は待遇改善の申し入れ
- 入退院手続き
- 介護サービスの契約，要介護認定の申請
- 負担限度額認定証取得，医療保険証の受領など役所に関する手続き

後見人には取消権もあるため，たとえば本人が不必要な布団や消火器を訪問販売で購入したときは，契約を取り消して本人の財産を守ることができます。本人のしたことを，後見人が何でもかんでも後日取り消しうるとすると，日常生活で不便が生じますので，スイカを買う，美容院を利用する，医療費を支払うなどの日常生活に関する行為は，本人が一人で有効にできます。

ま、そら当然やろな。

「後で取消せるかも」
と思われて、誰も売って
くれなかったら大変だからね。

後見が開始すると，次の法的制約を受けます。
① 公務員などの就業資格が失われます。
② 医師，弁護士など専門の資格を失います。
③ 会社の役員などの資格を失います。
④ 印鑑登録が抹消されます。
⑤ 自分で契約したり，不動産を処分をしたりすることなどはできなくなります（後見人が代わってします）。

以前は，後見が開始すると，被後見人の選挙権は失われていました。被後見人の中には，投票が趣味だという方もいらっしゃるので，後見開始後は投票ができないことにがっかりなさり，選挙時期になるとボヤいたりする，ということもありました。その後，選挙権を奪うのは違憲だという判決が最高裁判所であり，それを受けて平成25年5月に法改正がされましたので，今では選挙権を失うことはありません。

第3章　成年後見制度

	補　助	保　佐	後　見
利用できる人	判断能力が不十分な方	判断能力が著しく不十分な方	判断能力がない方
本人の名称	被補助人	被保佐人	被後見人
サポートする人の名称	補助人	保佐人	後見人
サポートする人を監督する人の名称（選任されていないこともある）	補助監督人	保佐監督人	後見監督人
制度のイメージ	本人と補助人が横に並び，手をつないで一緒に歩いている。（28ページ）	本人と保佐人が手をつないでいるが，保佐人が少し前に出て本人をリードしている。（28ページ）	本人を後見人がおんぶして，本人のために前へ進んでいる。（29ページ）
本人ができること	・日常生活に関する行為 ・補助人の同意を要しない法律行為	・日常生活に関する行為 ・重要な法律行為以外の法律行為	・日常生活に関する行為
申立についての本人の同意	必要	不要	不要
後見人等に必ず与えられる権限	なし	重要な法律行為についての同意権・取消権	日常生活に関する行為以外の財産管理についての全般的な代理権，取消権
申立の範囲で裁判所が定めることにより与えられる権限（本人の同意が必要）	・重要な法律行為についての同意権・取消権 ・特定の法律行為についての代理権	・特定の法律行為についての代理権・同意権・取消権	・なし（すべての権限が与えられているので）
鑑　定	原則不要	原則必要	原則必要

重要な法律行為＝同意行為目録に記載されている法律行為です。

特定の法律行為＝代理行為目録に記載されている法律行為です。

<後見人になるには，卓越した会計スキルが必要？>

　後見人は，本人の財産を預かり本人のために将来どのような支出が必要か予測し，収支計画を立て，定期的に収支の管理をする必要があります。

　しかし，公認会計士やファイナンシャルプランナー並の能力が求められているわけではありません。後見人は，積極的な投資で資産を増やすことは求められていませんし，してはいけません。本人の収支を管理して，入ってくるお金と支出のバランスを考え，本人の財政が破たんしないように収支計画を立て，状況が変化したらそれに応じて収支計画を変更すればよいのです。普通の家計のやりくりができる能力があれば充分です。

3.7　制度を利用するまでの流れ

　成年後見制度を利用しよう，ということになったとき，どのように準備を進めたらよいのかを説明します。

　　　　　　　診断書を取得する。
　　　　　　　　　↓
　　　　　　　申立てをする家庭裁判所の管轄を確認する。
　　　　　　　　　↓
　　　　　　　誰が申立人になるか決める。
　　　　　　　　　↓
　　　　　　　後見人等候補者を決める。
　　　　　　　　　↓
　　　　　　　申立書を作成・診断書以外の添付書類も用意する。
　　　　　　　　　↓
　　　　　　　家庭裁判所に申立てをする。

1　診断書を取得しよう

　まず，一番最初にしていただきたいのが，**診断書の取得**です。かかりつけ医（精神科や神経内科などの専門医以外でも大丈夫です）に，**家庭裁判所所定の様式での診断書作成の依頼**をしてください。

第3章　成年後見制度

一例として，東京家庭裁判所用の診断書を見てください。

診断書を作成していただく先生へ

　この度は診断書の作成に御協力いただき，ありがとうございます。
　家庭裁判所が後見開始の審判をするには，原則として本人の精神状況について鑑定をする必要がありますが，明らかにその必要がないと認める場合には鑑定をしなくてもよいとされています（家事事件手続法119条1項）。東京家庭裁判所では，申立時に定型診断書の提出をお願いしており，提出された診断書の記載や親族等からの聴取内容等の資料を勘案して鑑定の要否を検討しています。
　なお，**成年後見制度は，「精神上の障害」により判断能力が不十分な方を法律的に保護する制度ですから，診断名に「精神上の障害」を記載していただく必要があります**。身体上の障害だけが原因となって取引行為ができないような方は，成年後見制度は利用できませんので，診断書作成の際には御留意ください（<u>介護保険の意見書とは異なります。</u>）。
　また，鑑定をする場合の鑑定人は精神科医や精神保健指定医である必要はなく，通常は主治医の先生にお願いしています。そこで，診断書を作成していただいた先生に，鑑定をお願いできるかどうかをお伺いしたく，大変御面倒をお掛けいたしますが，別紙の「診断書付票」の各事項にお答えくださいますようお願いいたします。
　おって，診断書及び診断書付票は，申立書に添付するものです。<u>直接家庭裁判所にお送りいただくのではなく，作成を依頼した方にお渡しください。</u>
＜鑑定手続等に関する説明＞
・　後見等開始の審判手続は民事訴訟事件ではありませんので，原則として裁判所に出頭を求められることはありません。
・　正式な鑑定依頼につきましては，裁判所から改めて書面（鑑定依頼書）を送付する方法により行います。上記のとおり，診断書等から本人の精神状況について明らかに後見等開始相当と判断できる場合には，鑑定依頼をしないこともあります。
・　診断書及び鑑定書の作成の手引きは，最高裁判所のウェブサイトからダウンロードできますので参考にしてください（診断書の書式は当庁の書式を使用してください。）。
【http://www.courts.go.jp/saiban/syurui_kazi/kazi_09_02/index.html】
何か御不明な点がありましたらお気軽にお問い合わせください。
　　　東京家庭裁判所後見センター　　　　電話03−3502−5339，5369
　　　東京家庭裁判所立川支部後見係　　　電話042−845−0324，0325

(東京家庭裁判所本庁・支部提出用)　　　**診 断 書（成年後見用）**　　　平成21年4月改訂

1　氏名　　　　　　　　　生年月日　M・T・S・H　　年　　月　　日生（　　歳）

　　住所

2　医学的診断
　　診断名

　　所　見（現病歴，現在症，重症度，現在の精神状態と関連する既往症・合併症など）

　　　　　　　　　（該当する場合にチェック　□遷延性意識障害　　□重篤な意識障害）

3　判断能力判定についての意見（下記のいずれかにチェックしてください。）
　　　□　自己の財産を管理・処分することができない。（後見相当）
　　　□　自己の財産を管理・処分するには，常に援助が必要である。（保佐相当）
　　　□　自己の財産を管理・処分するには，援助が必要な場合がある。（補助相当）
　　　□　自己の財産を単独で管理・処分することができる。

　判定の根拠
　(1)見当識
　　　□障害がない　□まれに障害が見られる　□障害が見られるときが多い　□障害が高度
　(2)他人との意思疎通
　　　□できる　　□できないときもある　　□できないときが多い　　□できない
　(3)社会的手続や公共施設の利用（銀行等との取引，要介護申請，鉄道やバスの利用など）
　　　□できる　　□できないときもある　　□できないときが多い　　□できない
　(4)記憶力
　　　□問題がない　□問題があるが程度は軽い　□問題があり程度は重い　□問題が顕著
　(5)脳の萎縮または損傷
　　　□ない　　□部分的に見られる　　□著しい　　　　　　□不明
　(6)各種検査
　　　長谷川式認知症スケール　　（□　　　点（　月　日実施），□未実施　□実施不可）
　　　ＭＭＳＥ　　　　　　　　　（□　　　点（　月　日実施），□未実施　□実施不可）
　　　その他の検査

　(7)その他特記事項

　　　備　考（本人以外の情報提供者など）

以上のとおり診断します。　　　　　　　　　　平成　　　年　　　月　　　日
　　担当医師氏名／担当診療科名
　　　氏　名　　　　　　　　　　　　　　印　　（　　　　　　　　科）
　　　病院又は診療所の名称・所在地
　　　　　　　　　　　　　　　　　　　　tel　　（　　　）
　　　　　　　　　　　　　　　　　　　　fax　　（　　　）

　※　鑑定についてのご回答は，「診断書付票」にご記入ください。

第3章　成年後見制度

(東京家庭裁判所本庁・支部)

診 断 書 付 票

1　家庭裁判所から鑑定の依頼があった場合，お引き受けいただけますか。
　　□引き受ける。
　　□引き受けられない。
　　□専門ではないから。　　□その他（　　　　　　　）
　　□次の医師を紹介する。
　　　お名前＿＿＿＿＿＿＿＿　勤務先＿＿＿＿＿＿＿＿＿＿　Tel＿＿＿＿＿＿＿

2　以下は，鑑定をお引き受けいただける場合にお答えください。
　(1)　書面による正式依頼を受けてから鑑定書を提出していただくまでの期間はどのくらいでしょうか。
　　　□2週間　□3週間　□4週間　□その他（＿＿＿週間）
　(2)　鑑定料はいくらでお願いできますか。
　　　□3万円　□5万円　□7万円　□10万円　□その他（＿＿＿万円）
　　　注：一般的に5万円から10万円程度でお引き受けいただいています。主治医の場合はできれば5万円程度でお願いできればと思います。
　(3)　鑑定料の振込先（振込口座番号は正式依頼の際に同封する請求書にお書きください。）
　　　□個人（医師御本人）名義の口座
　　　□法人（医療法人社(財)団○○会など）名義の口座
　(4)　鑑定依頼書面の送付先
　　　□診断書記載のとおり
　　　□その他（〒　　　－　　　　　　　　　　　　　　　）
　(5)　電話連絡先
　　　□診断書記載のとおり
　　　□その他　　電話＿＿＿＿＿＿＿＿＿＿
　(6)　「鑑定書作成の手引」の裁判所からの送付は必要ですか。
　　　□必要　□不要
　　　注：「鑑定書作成の手引」は，裁判所ホームページ (http://www.courts.go.jp) からダウンロードすることもできます（裁判所トップページ→「裁判手続の案内」→「裁判所が扱う事件」→「家事事件」→「成年後見制度における鑑定書・診断書作成の手引」と順にクリックしてください。「2　成年後見制度に関する審判」ではなく，下の方にあります。）。

43

診断書は３枚からなっていて，１枚目は医師への案内になっています。２枚目と３枚目に記入していただきますが，診断書をもらったら，42ページの「３　判断能力判定についての意見」を見てください。

　どこにチェックがついているかで，後見，保佐，補助のどの類型なのか，はたまた成年後見制度の必要ない方なのかが分かります。どの類型になるかは，最終的には**家庭裁判所が決定**しますが，医師の判断が尊重され，ほぼ診断書どおりの類型となっています。

せやろな。

家庭裁判所で１時間くらい面接したとしても，それだけじゃ正確な判断はくだせないから，医師の診断が重要な判断材料だね。

　診断書は，各家庭裁判所所定のものを利用してください。インターネットで「東京，家裁，後見」のように調べれば，診断書だけでなく申立てに必要な書類もダウンロードできます。

2 家庭裁判所の管轄を確認しよう

　申立ては，**本人の住所地を管轄する家庭裁判所**にします。本人が住民登録をしている場所，つまり住民票に記載されている住所地を管轄する家庭裁判所に申立てをします。

　住所は横浜でも千葉の老人ホームに入居しているような場合には，原則としては横浜家庭裁判所が管轄となりますが，今後も千葉に居住することが見込まれる場合などには，千葉の家庭裁判所が管轄となる余地もあります。千葉の家庭裁判所に申立てをしたい場合には，相談をしてみてください。

　家庭裁判所の管轄は，こちらで確認できます。

　裁判所の管轄区域　http://www.courts.go.jp/saiban/kankatu/

3 誰が申立人になれるのか

　成年後見等の申立てをできる人は，本人，配偶者，4親等内の親族，後見人等，成年後見監督人等，市区町村長，検察官，任意後見受任者，任意後見人，任意後見監督人です。

　「後見人等」という意味は，たとえば本人の認知症が進んだので保佐人が，後見類型に変更するために申し立てるときなどが考えられます。

　「後見監督人等」という意味は，たとえば補助人を監督する補助監督人が，補助から保佐に類型を変更する申立てをするときなどが考えられます。

4親等内…誰もおらんわ。
申立人、
　　自分しかいないかも。

　申立人が誰もいないけれど成年後見制度を利用すべき人がいる場合には，本人が申立てをできる程度（補助，保佐相当）ならば本人申立てという方法がありますが，そうでない場合には，市区町村長が申立てをします。
　検察官が申立人になる場合というのは，稀なケースです。平成25年度には，1件しか検察官からの申立てはありませんでした。身寄りがなく，市区町村長の申立要件にも該当しない場合に，公益の代表者として検察官が申立てをすることが考えられます。
　任意後見人については，166ページを参照してください。
　実際に誰が申立てをしているのかを，「成年後見関係事件の概況」（最高裁判所事務総局家庭局）の平成25年度版で見てみましょう。

第3章　成年後見制度

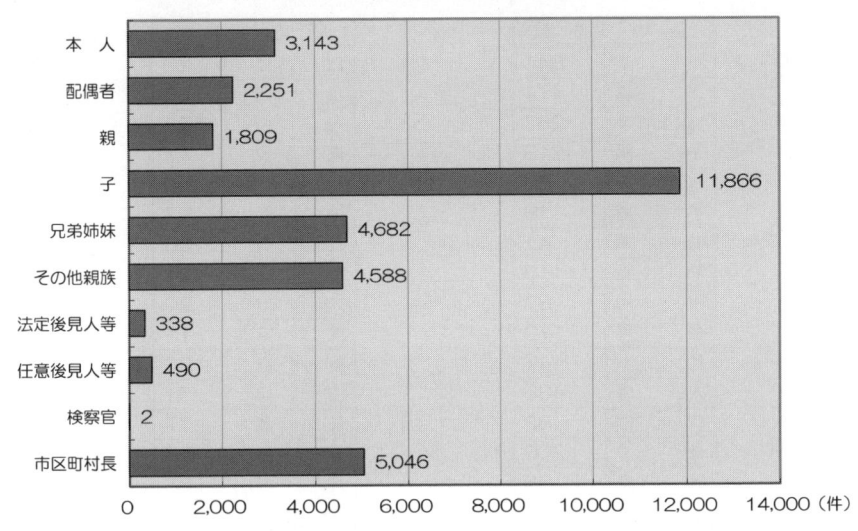

申立人と本人との関係別件数

関係	件数
本人	3,143
配偶者	2,251
親	1,809
子	11,866
兄弟姉妹	4,682
その他親族	4,588
法定後見人等	338
任意後見人等	490
検察官	2
市区町村長	5,046

（注1）　後見開始，保佐開始，補助開始及び任意後見監査人選任事件の終局事件を対象とした。
（注2）　申立人が該当する「関係別」の個数を集計したものを母数（34,205件）としており，1件の終局事件について複数の申立人がある場合に，複数の「関係別」に該当することがあるため，総数は，終局事件総数（34,105件）とは一致しない。
（注3）　その他親族とは，配偶者，親，子及び兄弟姉妹を除く，4親等内の親族をいう。

　圧倒的に子供が親について申立てをするケースが多く，その次に兄弟姉妹，その他親族と続きます。注目したいのは，市区町村長申立も僅差で続いていることです。地域別に見てみると，申立件数にバラつきがあることが分かります。

47

市区町村長申立件数（家庭裁判所管内別）

管内	件数	管内	件数
東 京	841	広 島	79
横 浜	474	山 口	63
さいたま	267	岡 山	179
千 葉	213	鳥 取	47
水 戸	33	松 江	40
宇 都 宮	18	福 岡	97
前 橋	41	佐 賀	30
静 岡	115	長 崎	21
甲 府	37	大 分	20
長 野	70	熊 本	73
新 潟	47	鹿 児 島	22
大 阪	485	宮 崎	51
京 都	182	那 覇	77
神 戸	200	仙 台	58
奈 良	58	福 島	83
大 津	66	山 形	92
和 歌 山	46	盛 岡	16
名 古 屋	193	秋 田	11
津	60	青 森	61
岐 阜	36	札 幌	80
福 井	31	函 館	13
金 沢	31	旭 川	20
富 山	41	釧 路	30
		高 松	50
		徳 島	40
		高 知	37
		松 山	71
		総 数	5,046

　人口や単身世帯の割合が異なるので単純な比較はできませんが，成年後見等の申立てに積極的な市区町村とそうでない市区町村があるように感じられます。都内23区に限って見ても，積極的な区とそうでない区があります。

4　誰が後見人等に選任されているのか

　成年後見人等には資格制限がないので，基本的には誰でもなることができます。成年後見開始の申立書（東京家庭裁判所の書式）を見てください。

第３章　成年後見制度

申立後は，家庭裁判所の許可を得なければ申立てを取り下げることはできません。

後見・保佐・補助　開始申立書

受付印

(収入印紙欄)
開始申立てのみは，８００円（補助開始のみの申立てはできません。）
保佐開始申立て＋代理権付与のときは１，６００円分
補助開始申立て＋同意権付与＋代理権付与のときは２，４００円分
※はった印紙に押印しないでください。

収入印紙（申立費用）　　　円
収入印紙（登記費用）　　　円
予納郵便切手　　　　　　　円

準口頭　　関連事件番号平成　　年（家　）第　　　号

家庭裁判所　　御中
□立川支部
平成　　年　　月　　日

申立人の記名押印　　　　　　　　　　　　　印

| 添付書類 | 本人・成年後見人等候補者の戸籍謄本，本人・成年後見人等候補者の住民票
本人の登記されていないことの証明書，診断書 |

申立人

住所	〒　－ 　　　　　　　　　　　　　　　　　　電話　　（　　） 　　　　　　　　　　　　　　　　　　携帯電話（　　） 　（　　　　　方）　　　　　　　　FAX　　（　　）
フリガナ 氏名	大正 　　　　　　　　　　　　　　　　　昭和　　年　月　日生 　　　　　　　　　　　　　　　　　平成
本人との関係	1 配偶者　2 父母　3 子（　　　）　4 兄弟姉妹甥姪 5 本人　　6 市区町村長　7 その他（　　　　　　　　　）

本人

本籍	都道 　　　府県
住民票の住所	□申立人と同じ　〒　－　　　　　　　電話　　（　　） 　　　　　　　　　　　　　　　　　　　　　　（　　方）
施設・病院の入所先	施設・病院名等 □入所等していない 〒　－　　　　　　　　　　　　　　電話　　（　　）
フリガナ 氏名	明治 　　　　　　　　　男・女　大正 　　　　　　　　　　　　　　　昭和　　年　月　日生 　　　　　　　　　　　　　　　平成

成年後見人等候補者

□申立人と同じ※

住所	〒　－ 　　　　　　　　　　　　　　　　　　電話　　（　　） 　　　　　　　　　　　　　　　　　　携帯電話（　　） 　　　　　　　　　　　　　　　　　　FAX　　（　　）
フリガナ 氏名	昭和　　年　月　日生 　　　　　　　　　　　　　　　　　平成
本人との関係	1 配偶者　2 父母　3 子（　　　）　4 兄弟姉妹甥姪 5 その他（　　　　　　　　　　　　）

（注）太わくの中だけ記入してください。
※　申立人と成年後見人等候補者が同一の場合は，□にチェックをしてください。その場合は，成年後見人等候補者欄の記載は省略して構いません。

49

	申立ての趣旨	
●1, 2, 3いずれかを○で囲んでください。 → ●保佐申立ての場合は必要とする場合に限り, 当てはまる番号((1), (2))も○で囲んでください。	1	本人について**後見**を開始するとの審判を求める。
::::	2	本人について**保佐**を開始するとの審判を求める。 (1) 本人のために**別紙代理行為目録**記載の行為について保佐人に 代理権を 付与するとの審判を求める。 (2) 本人は, 民法第13条1項に規定されている行為の他に, 下記の行為(日用品の購入その他日常生活に関する行為を除く)をするにも, その保佐人の 同意を得なければならないとの審判を求める。 記 _____
→ ●補助申立ての場合は必ず当てはまる番号((1), (2))を○で囲んでください。	3	本人について**補助**を開始するとの審判を求める。 (1) 本人のために**別紙代理行為目録**記載の行為について補助人に 代理権を 付与するとの審判を求める。 (2) 本人が**別紙同意行為目録**記載の行為(日用品の購入その他日常生活に関する行為を除く。)をするには, その補助人の 同意を得なければならないとの 審判を求める。

申立ての理由
本人は, □ 認知症 □ 知的障害 □ 統合失調症 □ その他(　　　　) により判断能力が低下しているため, 　　　　□ 財産管理　□ 保険金受領　□ 遺産分割　□ 相続放棄 　　　　□ 不動産処分　□ 施設入所　□ 訴訟・調停 　　　　□ その他(　　　　　　　　　　　　　)の必要が生じた。 ※　詳しい実情は, 申立事情説明書に記入してください。
(特記事項) _____ _____ _____

第3章　成年後見制度

　49ページの開始申立書の下方に成年後見人候補者の記載をする場所があります。ここに記載された人が第一候補として検討されますが，必ずしも記載された人がそのまま選任されるとは限りません。誰が適任なのかを決定するのは，家庭裁判所です。

　よくある事例としては，父の後見人候補者として長男の名前があっても，次男が「兄貴には任せられない。」と言っているときなど，身内の反対がある場合です。この場合には，長男を後見人にせず，第三者が後見人として選ばれます。

　成年後見人等には，本人とどのような関係の人がなっているのでしょうか？再び，「成年後見関係事件の概況」の平成25年度版を見てみましょう。

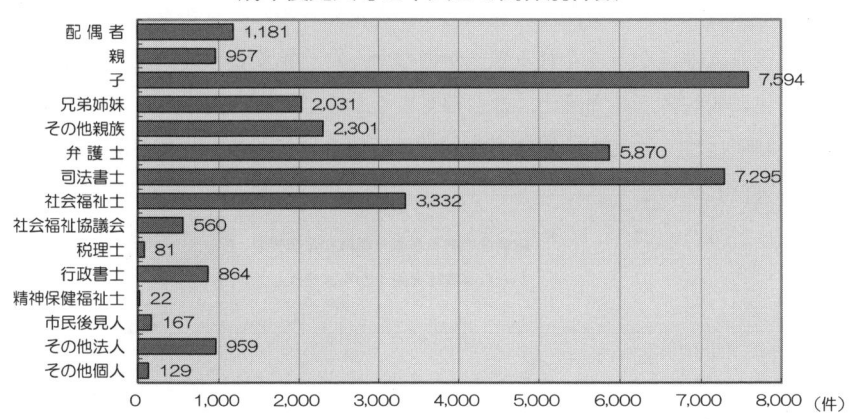

成年後見人等と本人との関係別件数

関係	件数
配偶者	1,181
親	957
子	7,594
兄弟姉妹	2,031
その他親族	2,301
弁護士	5,870
司法書士	7,295
社会福祉士	3,332
社会福祉協議会	560
税理士	81
行政書士	864
精神保健福祉士	22
市民後見人	167
その他法人	959
その他個人	129

　本人の子供が選任されているケースが一番多く，司法書士，弁護士社会福祉士と続きます。本人の親族が後見人等になる場合より，親族以外の専門職後見人等が就任する場合のほうが上回っています。

　成年後見制度は，2000年4月1日から運用が開始されました。当初は親族が後見人等になるケースが90％以上でしたが，その割合はどんどん下がり，2012年には50％を切っています。

親族成年後見人等とそれ以外の割合の推移 （％）

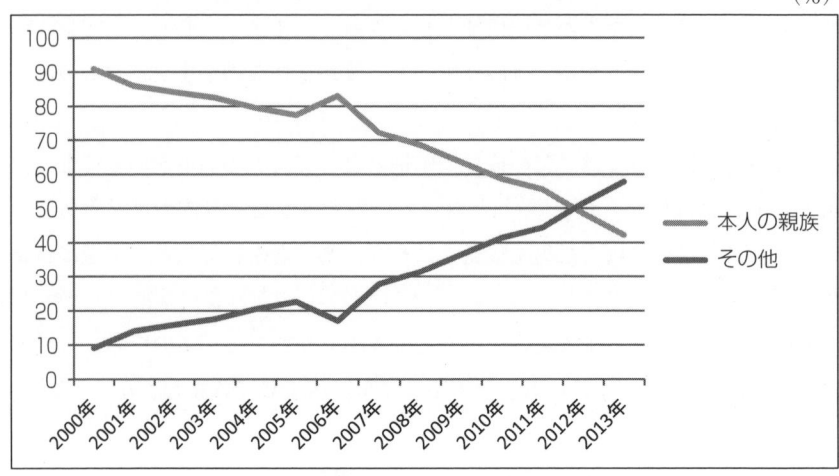

 親族が後見人等になる際に，親族内で誰が後見人等になるか争いがあったり，近隣に後見人等になってくれる親族がいなかったりするときは，親族以外の第三者，主に司法書士，弁護士，社会福祉士などの専門職が選任されています。家庭裁判所には，これら専門職の後見人等候補者リストというのがあり，その中から選ばれています。

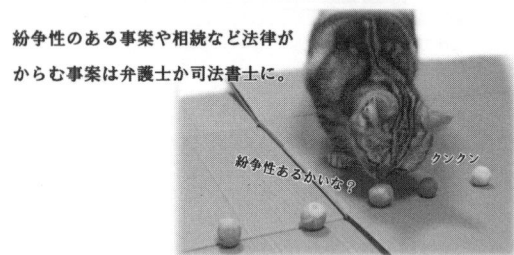

紛争性のある事案や相続など法律がからむ事案は弁護士か司法書士に。

福祉系のケアが必要な事案は社会福祉士に割り振っている傾向があります。

第3章 成年後見制度

　このリストに掲載されるためには，司法書士の場合は，司法書士がメンバーとなり成年後見制度の利用促進と後見人等の養成・供給・指導監督を目的として創立した「公益社団法人成年後見センター・リーガルサポート」（以下，リーガルサポートと称します）のメンバーであること，一定の研修を継続して受講していることが必要とされています。専門家であっても，後見人等になるためには継続的な研修が必要です。

**法制度は変化するし、
学ぶことは多いから情報を
しっかり受け止めないとね。**

**そう、
キャッチが大事**

　弁護士の場合は全国各地の弁護士会が，社会福祉士の場合は「権利擁護・成年後見センターぱあとなあ」が，リーガルサポートと同様に成年後見に取り組んでいます。

　後見人等の候補者がおらず，候補者の欄を空欄で申立てをしたとしても，後見について詳しい専門家が選任されるので安心です。

　現在，成年後見等を利用している方は，男女とも70歳以上の方が多く，その世代の方は子供のいる世帯が多いかと思いますが，その世代であっても親族以外の後見人等が必要なケースが増えています。今後，高齢化が加速し，子供の

いない世帯の割合が増えるにつれて、親族以外の第三者が後見人等になるニーズが強まると思われます。

　専門家だけでその受け皿になれるかというと、限界があります。たとえば、司法書士は全国に21,000人ほどいますが、年齢の問題や事務所の方針で後見業務を取り扱わない人もいますので、リーガルサポートに属しているのは7,000人弱です。一人の専門家が担当できる方の人数には限界があります。私自身は、10名くらいまでがきちんと担当できる限界ではないかと感じています。

> **コラム**　歓迎されざる後見人
>
> 　後見人等として望まれている場合はスムーズに業務をしやすいのですが、望まれざる後見人になる場合もあります。
> 　長男が父の後見人になるつもりで後見申立てをした場合に、次男がそれに反対したときは、専門家が後見人に選任されます。次男が、長男以外の後見人ならまぁいいか、と思ってくれるならまだよいのですが、後見申立てそのものに反対していた場合は、総アウェイ状態です。後述しますが、後見人に就任すると、まず現在の財産を把握し、年間の収支計画を立てて家庭裁判所へ報告しなくてはなりません。そのため、「はじめまして、このたびお父様の後見人になりました。よろしくお願いします。以後は私がお父様の財産を管理しますので、お父様の通帳を引き渡してください。」という趣旨を伝えなければなりません。火が出ているところに、強風で煽るようなものですね。
>
> なんでよそ様がウチに入ってくるんや。
>
> そないなつもりで申立てた訳やないっ！

第3章　成年後見制度

> そうだそうだー。
> ウチはおいらでもう一杯。
> 他人が入る余地なんてない！
>
> 　他人が家庭内に入ることは，それだけでも嫌がられますし，さらには財産にまで関与するので拒絶反応が大きいときも往々にしてあります。本人の財産を親族が使い込んでいる場合もありますので，通帳をどうしても引き渡してもらえないときには，通帳の再発行をしたり，証券会社に後見人に就任した旨を通知して，財産の保護をするなどをして，本人のために活動を開始しなくてはなりません。

5　書類の準備をしよう

後見等の申立てをするときに必要な書類は，次のとおりです。

① 本人及び成年後見人候補者の戸籍謄本と住民票謄本（又は戸籍附票）

抄本ではなく，戸籍に記載されている人が全部載っている戸籍謄本（全部事項証明書）を用意してください。

住民票もしくは戸籍の附票も世帯全部のもの，省略がないものを用意してください。

戸籍謄本，戸籍の附票は本籍地の，住民票は住所地の役所で取得できます。

② 本人の成年後見登記等に関する登記がされていないことの証明書（法務局・地方法務局の本局で発行するもの）

③ 本人の財産に関する資料（不動産登記事項証明書，通帳のコピー，有価証券の残高が分かる書類，保険証券のコピーなど）

④ 本人の申立て前2か月分の収入，支出に関する資料（確定申告書控えの

コピー，年金額の分かる資料，病院や施設の領収書のコピー。通帳から振り込んだり，通帳に振り込まれている場合には，取引相手が明記されていれば領収書等に代えて通帳のコピーを提出することができます）
⑤ 知的障がい者の場合には，療育手帳の写し
⑥ 本人の診断書（管轄する家庭裁判所が定める様式のもの）
⑦ 申立書，申立事情説明書，親族関係図，親族の同意書，本人の財産目録・収支状況報告書，後見人等候補者事情説明書（管轄する家庭裁判所ごとに書式や名称が異なります）
⑧ 保佐・補助の場合は代理行為目録，補助の場合は同意行為目録

どえらく大変そうやな。
書類てんこもりやん。

うっわ〜

これもか〜

事案によっては、
さらに他の書類を
要求されることもあります。

①・②は，発行日から3か月以内のもの用意してください。

③の成年後見登記等に関する登記がされていないことの証明書は，後見・補助・保佐・任意後見を使っていないことを証明するために取得します。

取得方法と申請書の記載方法は，次のとおりです。

第3章 成年後見制度

記載例 02

「登記されていないことの証明申請書」
(後見登記等ファイル用)

請求できるのは、本人、本人の配偶者または四親等内の親族です。
なお、代理の方が申請する場合は、該当する方からの委任状が必要です。

東京 法務局

記載例（イ） 本人から委任された代理人が申請する場合　平成25年4月1日申請

請求される方 (請求権者)	住所	東京都千代田区九段南1丁目1番15号	収入印紙を貼るところ
	(フリガナ)	コウケン ジロウ	必ず貼ってください
	氏名	後見 次郎　連絡先(電話番号　　) ㊞	収入印紙
	証明を受ける方との関係	☑本人 □配偶者 □四親等内の親族 □その他( )	※登記印紙も使用することができます。
代理人 (上記の方から頼まれた方)	住所	東京都台東区台東1丁目26番2号	
	(フリガナ)	トウキ ヨウコ	
	氏名	登記 葉子　連絡先(電話番号 03-5213-1360) ㊞	1通につき300円 ※割印はしないでください。
返送先 (上記以外に証明書の返信先を指定される場合に記入)	住所		※印紙は申請書ごとに必要な通数分を貼ってください。
	宛先	※返信用封筒にも同一事項を必ず記入	
添付書類 下記㊟参照	☑ 委任状(代理人が申請するときに必要。また、会社等法人の代表者が社員等の分を申請する時に社員等から代理人への委任も必要) □ 戸籍謄抄本等親族関係を証する書面(本人の配偶者・四親等内の親族が申請するときに必要) □ 法人の代表者の資格を証する書面(法人が代理人として申請するときに必要) ※戸籍謄抄本、法人の代表者の資格を証する書面は、発行から3か月以内のもの	
証明事項 (いずれかの□にチェックしてください)	☑ 成年被後見人、被保佐人とする記録がない。(後見・保佐を受けていないことの証明が必要な方) 　(医師、歯科医師、薬剤師、宅建、産廃、貸金、風俗、古物、警備、建設業 など) □ 成年被後見人、被保佐人、被補助人とする記録がない。(後見・保佐・補助を受けていないことの証明が必要な方) 　(たばこ販売業、大札関係、税理士、後見後見監督人の選任の申立(注) など) □ 成年被後見人、被保佐人、被補助人、任意後見契約の本人とする記録がない。(後見・保佐・補助・任意後見を受けていないことの証明が必要な方)(後見・保佐・補助開始 の審判の申立 など) □ その他 　　　とする記録がない。(上記以外の証明を必要とする場合) (注)任意後見監督人の選任の申立の際、登記事項証明書のほかに本証明書も必要な場合があります。
請求通数	1通	証明を受ける方の氏名のフリガナ	コウケン ジロウ

◎証明を受ける方　この部分を複写して証明書を作成するため、字画ははっきりと、住所または本籍は番号、地番まで記入してください。

① 氏名	後見 次郎
② 生年月日	明治 大正 昭和 平成 西暦 □□□☑□□　4 0 年 1 月 1 日
③ 住所	都道府県名：東京都　市区郡町村名：千代田区 丁目 大字 地番：九段南1丁目1番15号
④ 本籍 □国籍	都道府県名：東京都　市区郡町村名：千代田区 丁目 大字 地番(外国人は国籍を記入)：九段南1丁目1番地 ※後見・保佐・補助開始 の審判の申立などで家庭裁判所に提出される場合は、本籍も記入してください。

提出先から特に指定がない場合は、住所または本籍(外国人の場合は④に☑し、正しい国籍名)のいずれかを記入してください。
(注) 請求される方(代理申請の場合は代理人)の本人確認書類は必ず提示または添付してください(裏面注4参照)。

記入方法：1. 証明を受ける方の氏名のフリガナ欄は、例えば、｜ヤ｜マ｜ダ｜　｜タ｜ロ｜ウ｜と左詰め(氏と名の間1字空き)でカタカナで記入してください。
2. 外国人は氏名欄に本国名(漢字を使用しない外国人はカタカナ)を記入してください。
3. 生年月日欄は、例えば、昭和□し｜4 0｜年｜1 1｜月｜ 1 ｜日と右詰めで記入。
4. 郵送請求の場合は、返信用封筒(あて名を書いて、切手を貼ったもの)を同封し下記のあて先に送付してください。

申請書送付先：〒102-8226 東京都千代田区九段南1-1-15 九段第2合同庁舎　東京法務局民事行政部後見登録課

○本申請書を拡大縮小せずに使用してください。

本人確認書類
□ 請求権者　☑ 代理人
□ 運転免許証
□ 健康保険証
☑ パスポート
□ (　　　)
□ 封筒

(登記所が記載します) | 交付通数 | 交付枚数 | 手数料 | 受付　年　月　日 |
| | | | | 交付　年　月　日 |

「登記されていないことの証明書」の交付申請に当たっての留意事項

「登記されていないことの証明書」とは，成年被後見人，被保佐人等の登記がされていないことを証明するものです。この証明書は，平成12年4月1日以降に登記されていないことを証明するものであり，同年3月31日までに禁治産宣告・準禁治産宣告を受けているかどうかを証明するものは，従来どおり本籍地の市区町村が発行する身分証明書，戸籍謄本または抄本になります。

1　証明書の交付申請手続
○窓口申請の場合
　表面の申請書に所要事項を記入，収入印紙(注1)（1通 ⇒ 300円）を貼付。
　　⇒ 申請書と下記2(4)の「添付書類」を直接窓口に提出
　　　＊東京法務局後見登録課，その他各法務局及び地方法務局の戸籍課において取り扱っています。（支局・出張所では取り扱っていませんのでご注意ください。）(注2)

○郵送申請の場合
　表面の申請書に所要事項を記入，収入印紙(注1)（1通 ⇒ 300円）を貼付。
　　⇒ 申請書と下記2(4)の「添付書類」と返信用封筒（あて名を明記，切手を貼付したもの）を同封し，次のあて先へ送付。(注3)
　　　＊なお，郵送申請の場合は東京法務局後見登録課においてのみ取り扱っています。

　　　〒102-8226
　　　東京都千代田区九段南1-1-15　九段第2合同庁舎
　　　東京法務局　後見登録課
　　　（交通：地下鉄九段下駅　6番出口　徒歩5分）
　　　TEL 03-5213-1360（ダイヤルイン），03-5213-1234（代表）

2　申請書の記入上の注意事項
（1）「請求される方」欄
　必ず押印し（認印でも可），連絡先（電話番号）も記入。
　代理人が申請する場合は，「請求される方」の押印は不要です。

（2）「代理人」欄
　代理人が申請する場合に，代理人の方の住所・氏名を記入。
　代理人は必ず押印し（認印でも可），連絡先（電話番号）も記入。

（3）「返送先」欄
　証明書の送付先を上記（1）または（2）以外とする場合に記入。
　ただし，送付先は申請された方の勤務先または居所に限ります。

（4）「添付書類」欄（いずれの場合も申請される方の本人確認書類の提示またはコピーの送付をお願いします。）
　○証明を受ける方本人が申請する場合 ⇒ 本人確認書類(注4)
　○証明を受ける方の配偶者または四親等内の親族が申請する場合
　　①証明を受ける方との関係を証する発行から3か月以内の戸籍謄本または抄本
　　②本人確認書類（配偶者または四親等内の親族の）(注4)
　○代理人が申請する場合
　　①本人確認書類（代理人の）(注4)
　　②証明を受ける方本人，その配偶者または四親等内の親族からの委任状の添付が必要。
　　③本人の配偶者または四親等内の親族から委任された場合は，前記委任状に加え，証明を受ける方本人と委任者との関係を証する戸籍謄本または抄本（いずれも発行から3か月以内）も併せて必要。
　　④代理人（受任者）が法人の場合は，上記添付書類に加え，代表者の資格を証する書面として法人の登記事項証明書または代表者の資格証明書（いずれも発行から3か月以内）も併せて必要。

（5）「証明事項」欄
　証明事項のチェックは，証明書の提出先の官公庁等に確認してください。
　なお，《宅地建物取引業，産業廃棄物処理業，警備業，貸金業，古物営業，風俗営業》については，「成年被後見人，被保佐人とする記録がない。」の事項にチェックしてください。

（6）「証明を受ける方」欄
　この申請書は自動読取装置で機械処理しますので，該当事項のチェック及び所要事項の記入は明瞭に願います。特に「証明を受ける方」欄は，この部分がそのまま証明書に複写されますので，字画をはっきりと，住所または本籍を正確に記入してください。
　なお，外国人の場合は，①氏名欄は本国名を，④本籍欄は□国籍欄にチェックし国籍のみを，それぞれ記入してください。

注1　1通につき300円分の**収入印紙**を，申請書ごと（証明を受ける方ごと）に必要な通数分，所定の箇所に貼ってください。
　　収入印紙は，郵便局，法務局・地方法務局及びその支局・出張所で印紙売場が設置されているところなどで入手できます。
注2　窓口の受付時間は8:30から17:15までです。
注3　郵送申請の場合は，1週間程度要します。なお申請が集中する時期は更に相当日数を要する場合がありますので，できるだけ余裕をもって申請してください。
注4　窓口申請の場合は，請求される方（親族が申請する場合はその親族，代理申請の場合は代理人）の本人確認書類（運転免許証・健康保険証・パスポート等，住所，氏名及び生年月日が分かる書類）を窓口で提示していただきますようお願いいたします。また，郵送申請の場合は，本人確認書類のコピーを同封していただきますようお願いいたします。

ご不明な点は最寄りの法務局・地方法務局にお問い合わせください。
また，詳しくは東京法務局ホームページをご利用ください。

平成25年東京法務局

法務省　登記されていないことの証明申請（後見登記等ファイル用）より
　　　　http://www.moj.go.jp/ONLINE/GUARDIAN/7-1.html

第3章　成年後見制度

　⑥〜⑧は，申立てをする家庭裁判所のホームページから書式をダウンロードできますし，家庭裁判所の窓口で印刷したものをもらうこともできます。穴埋め式に記載していけばよいので，さほど難しくはありません。
　⑦の書類の中に，親族の同意書があります。

記 入 例

同　　意　　書

1　私は，本人（甲野　太郎）の（　　長女　　）にあたります。
　　　　　　　　　　＊本人から見た続柄（姉，長男等の
　　　　　　　　　　　関係）をお書きください。

2　私は，後見（保佐・補助）の手続について，次のことに同意します。

　(1)本人（　甲野　太郎　）について，後見（保佐・補助）開始の審判をすること。

　(2)本人の成年後見人（保佐人・補助人）に（　丁野　桜子　）が選任されること。
　　　　　　　　　　　　　　＊後見人等候補者の氏名

　　　　　　平成26年　4月　1日
　　　　　　　（〒100-0013）
　　　　　　　住　　所　東京都千代田区霞が関1-1-2

　　　　　　氏名（署名）　乙　野　菊　子　　　　　印

　　　　　　電　話　03-3502-0000

　　　　　　（携帯電話）090-0000-××××

東京家庭裁判所　後見サイトより
　http://www.courts.go.jp/tokyo-f/saiban/koken/seinengokentou_mousikomi/

この書類は，本人について後見等を開始すること，後見人等の候補者として申立書に記載されている人でよいことについての同意書で，本人の法定相続人に記載してもらいます。この書類が揃っていると，後見等の申立ての審理が早く進みます。ただし，それまでの本人とのいきさつ等により同意書を得ることが難しい場合は，その人の同意書は提出しなくてもかまいません。

6　申立てをしよう

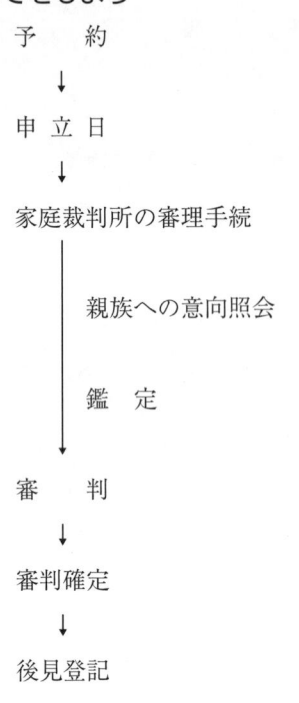

```
        予　　　約
          ↓
        申 立 日
          ↓
      家庭裁判所の審理手続
              
              親族への意向照会
              
              鑑　定
              
        審　判
          ↓
        審判確定
          ↓
        後見登記
```

①　予　　　約

　東京家庭裁判所の場合は，まず申立てをする日を予約します。申立日の3日前までに申立書類一式をあらかじめ郵送します。申立日当日に申立書類一式を持って行けばよい家庭裁判所もあります。申立ての方法は各家庭裁判所により異なるため，事前に確認してください。

② 申立日当日
　申立人，後見人等候補者，本人と家庭裁判所の担当者が面接をします。申立人から申立てに至るまでの事情や，本人の生活状況，財産状況，後見等申立てに関する親族の意向などを聞き，後見人等候補者からは，その方が適任かどうかについて判断する話を聞きます。本人との面接では，後見等申立てに関する意向，本人の判断能力の程度を問う質問がされます。後見等が開始すると，本人の能力を制限することにもなるので，本人の意思尊重のためにもなされています。

家庭裁判所での面接？
　あかん〜
　ドキドキするわ。

やっぱり
脛に傷があるのでは…？

本人が家庭裁判所に行くことができない場合には，後日，担当者が入院先や居住先に直接赴き面接をします。後見類型の場合で，こん睡状態が続いている方など，明らかに面接が意味をなさないことが申立書類の診断書から分かる場合などには，省略されることもあります。

　精神病の方，特に自分が病気だという意識に欠ける方については，できたら必ず面接をして欲しいと個人的には感じています。申立人や後見人候補者が，本人に申立てをすることを説明していても，本人が入院していたり体調の関係で家庭裁判所に行けず，訪問面接が行われなかった場合には，手続きに関与している意識が本人になく，本人のあずかり知らぬところで勝手に手続きが進んでしまいます。本人にとっては自分の意向を伝える機会もなく，急に「今日から私があなたの後見人です。」と見知らぬ人が登場するような印象となり，受け入れてもらうまで時間がかかることもあります。

うひゃー
最初から波乱のスタート？！
大変だ〜

目もあてられんな

7　申立て後の流れ

①　家庭裁判所の審理手続き

（親族への意向照会）

　申立て時に親族の同意書がない場合で必要があるときは，書面などで親族に対して申立ての概要を伝え，申立てそのもの及び後見人等候補者についての意向を調査することがあります。

（鑑　　定）

　後見等申立て時に診断書を添付しますが，これとは別に，さらに詳しく本人に判断能力がどの程度あるかを医学的に鑑定してもらうことがあります。補助の場合は，原則として必要ありません。

　成年後見制度は，本人を守るものですが，同時にそれは本人の能力を制限することにもなるため，後見，保佐，補助のどの類型に該当するのか，そもそも後見等を開始すべきなのかについては，慎重な判断が求められます。そのため，診断書や申立人との面接，申立資料だけではその判断ができない場合には，より詳しい医学的見解が必要となるため，鑑定をします。

　鑑定は，家庭裁判所が本人の主治医に依頼をします。通常は，診断書を出した医師と同じ人となります。43ページの診断書付票を見てください。こちらに，鑑定を引き受けてもらえるかどうか，その場合の鑑定期間と鑑定料はいくらかなどについて記載する欄があります。主治医に鑑定を引き受けてもらえない場合は，主治医が紹介する医師にお願いします。その医師がいない場合には，鑑定をしてくれる医師を探す必要があります。

鑑定が入ると、時間も
　お金もかかるんやな。

　たまらんけど、重大な決定
　　のために必要なら、しゃーないな。

実際には，どのくらいの割合で鑑定がされ，その費用はいくらくらいかかるのでしょうか？

鑑定の期間別・費用別割合

（鑑定期間別割合）

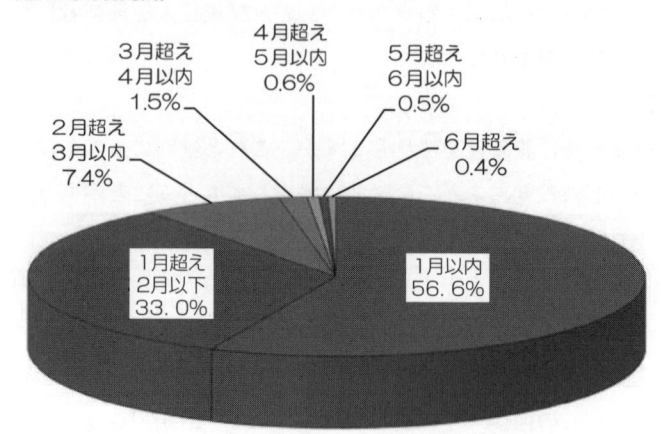

- 1月以内 56.6%
- 1月超え2月以下 33.0%
- 2月超え3月以内 7.4%
- 3月超え4月以内 1.5%
- 4月超え5月以内 0.6%
- 5月超え6月以内 0.5%
- 6月超え 0.4%

（鑑定費用別割合）

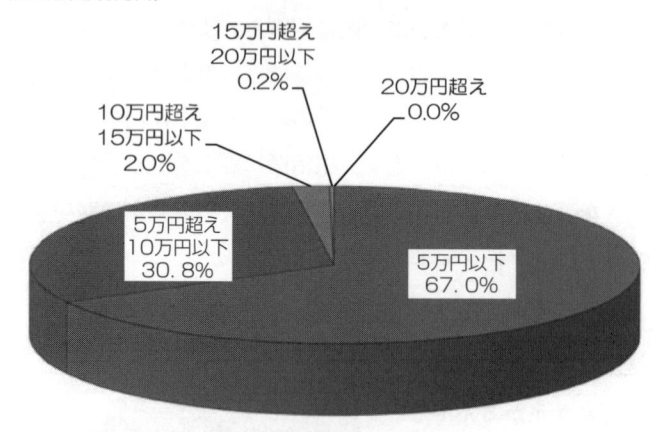

- 5万円以下 67.0%
- 5万円超え10万円以下 30.8%
- 10万円超え15万円以下 2.0%
- 15万円超え20万円以下 0.2%
- 20万円超え 0.0%

「成年後見関係事件の概況」の平成25年度版より

診断書や申立書の内容から総合的に判断して，本人の判断能力が判断できる場合には，鑑定が省略されることもあります。以前は，かなりの割合で鑑定が

実施されていましたが，後見等の申立件数が増えたことや，申立人の負担軽減をはかる必要もあり，鑑定を省略するケースが主流になっていて，平成25年度に鑑定を実施した事案は，全体の10.9％程度です。

鑑定期間は，1か月以内の場合が多く，長くても2か月以内（89.6％）に終わることが多いようです。

鑑定費用は，5万円以下で済む場合が67％です。10万円以上の場合が2.2％ありますが，主治医以外の方が鑑定をした場合ではないかと思われます。

（審　判）

親族の意向照会や鑑定が終了したのち，家庭裁判所は後見等の開始の審判と，後見人等の選任をします。家庭裁判所は，本人，申立人，選任された後見人等に審判書を発送します。

（審判確定）

審判書が後見人等に届いてから2週間経過すると，審判開始の法的効力が確定します。この2週間の間に，審判に対する不服があれば，その申立てができます。不服申立てがされずに期間が経過して初めて，後見人等として活動することができるようになります。

この不服申立ては，たとえば補助類型で申し立てたのに，保佐と審判されたがそれは妥当ではなく承服できない場合にします。**誰が後見人等に選任されたかについては不服申立てはできません**ので，「自分を後見人候補者として申立てをしたのに，司法書士が選任された。この司法書士は嫌だから他の人に変えてくれ」というような趣旨の不服申立てはできません。

審判書が来ても，
すぐに活動できる
わけじゃないんやな。

そうなのです。

ちなみに、すぐ動くためには寝ころぶより立っていた方がいいよ。さぁ、立って！動いて！

（登　　記）

　審判確定後，家庭裁判所は，東京法務局に後見人等の登記をするよう依頼します。成年後見制度が始まる前の禁治産・準禁治産の制度のときは戸籍に記載されていましたが，名称の響きが悪いこと，戸籍に記載されることが制度促進の妨げとなっていました。成年後見制度になってからは，名称が後見，保佐，補助と変更になり，後見等が開始しても戸籍には記載されず，東京法務局で全国の後見等に関する登記を集中して扱うことになりました。

　東京法務局が登記手続きをするのに，２週間ほどかかります。登記が完了すると，後見人等に家庭裁判所から登記番号の通知がされます。その通知が来たら，自分が後見人等であることの証明する登記事項証明書というものを東京法務局や県庁所在地等の法務局で取得できます。取得方法は，58ページの「登記されていないことの証明書」と同じです。

　登記事項証明書の申請書は，こちらです。

第3章 成年後見制度

記載例(1) 成年後見人が申請する場合

記載例

登記事項証明申請書
（成年後見登記用）

東京 法務局 御中

平成25年 4月 1日申請

請求される方（請求権者）	住　所	東京都千代田区霞が関1丁目1番1号
	（フリガナ）	コウケン　タロウ
	氏　名	後見　太郎　（後見印）
		連絡先（電話番号 03 - 5213 - 1360 ）

収入印紙を貼るところ
収入印紙は割印をしないでここに貼ってください。

請求される方の資格	1 □ 本人（成年被後見人、被保佐人、被補助人、任意後見契約の本人、後見・保佐・補助命令の本人） 2 ☑ 成年後見人　6 □ 成年後見監督人　7 □ 保佐監督人　8 □ 補助監督人 3 □ 保佐人　9 □ 任意後見監督人　10 □ 配偶者　11 □ 四親等内の親族 4 □ 補助人　12 □ 未成年後見人　13 □ 未成年後見監督人　14 □ 職務代行者 5 □ 任意後見受任者　15 □ 財産の管理者 （任意後見人）

印紙は申請書ごとに必要な通数分を貼ってください。

代理人（上記の方から頼まれた方）	住　所	
	（フリガナ）	
	氏　名　　　　　　　　　　　　　　　　㊞	
	連絡先（電話番号　　-　　-　　）	

収入印紙は
1通につき
550円です

（ただし、1通の枚数が50枚を超えた場合は、超える50枚ごとに100円が加算されます）

添付書類　下記㊟参照	□ 戸籍謄本または抄本など本人との関係を証する書面 （上欄の10、11、12、13の方が申請するときに必要。発行から3か月以内のもの） □ 委任状（代理人が申請するときに必要） □ 法人の代表者の資格を証する書面（請求される方が法人であるとき、代理人が法人であるときに必要。いずれも発行から3か月以内のもの）

※登記印紙も使用することができます。

後見登記等の種別及び請求の通数	☑ 後見　□ 保佐　□ 補助　　　　　（　1　通） □ 任意後見契約　　　　　　　　　　（　　通） □ 後見命令　□ 保佐命令　□ 補助命令　（　　通）

● 登記記録を特定するための事項

（フリガナ）	コウケン　イチロウ
本人の氏名（成年被後見人等）	後見　一郎

（登記番号がわかっている場合は、記入してください。）

登記番号	第　　-　　　　　号

（登記番号が不明の場合に記入してください。）

本人の生年月日	明治・大正・㊐和・平成 / 西暦　19年　1月　17日生
本人の住所	東京都千代田区九段南1丁目1番15号
または本人の本籍（国籍）	

本人確認書類
□ 請求権者
□ 代理人
□ 運転免許証
□ 健康保険証
□ パスポート
□
□ 封筒

交付通数		交付枚数（合計）	手数料	交付方法	受付			
50 枚まで	51 枚以上			□ 窓口交付 □ 郵送交付	交付	年	月	日
						年	月	日

記入方法等　1　二重線の枠内の該当事項の□に☑のようにチェックし、所要事項を記入してください。
　　　　　　2　「登記記録を特定するための事項」には、登記番号がわかっている場合は、本人の氏名と登記番号を、不明な場合は、本人の氏名・生年月日・住所または本籍（本人が外国人の場合には、国籍）を記入してください。
　　　　　　3　郵送申請の場合には、返信用封筒（あて名を書いて、切手を貼ったもの）を同封し下記のあて先に送付してください。
申請書送付先：〒102-8226　東京都千代田区九段南1-1-15　九段第2合同庁舎
東京法務局民事行政部後見登録課

㊟　窓口申請の場合は、請求される方（代理申請の場合は代理人）の本人確認に関する書類（運転免許証・健康保険証・パスポート等、住所・氏名及び生年月日が分かる書類）を窓口で提示していただきますようお願いいたします。
　　郵送申請の場合は、申請書類とともに、上記本人確認書類のコピーを同封していただきますようお願いいたします。

法務局の窓口や郵送で取得するほか，「登記・供託オンライン申請システム」を利用して，インターネット経由で請求することもできます。

　登記・供託オンライン申請システム
　　http://www.touki-kyoutaku-net.moj.go.jp/

　ただし，後見人等の電子署名が必要になるので住民基本台帳カードを役所で取得し，さらにそのカードをパソコンに読み込むためのカードリーダーが必要になります。最初は少し大変ですが，インターネットで請求し，ネットバンキングで手数料を支払えば，2・3日内には登記事項証明書が送付されてきますので便利です。
　後見人の登記事項証明書は，このようなものです。

第3章　成年後見制度

登 記 事 項 証 明 書

　　　　　　　　　　　　　　　　　　　　　　　　　後　見

後見開始の裁判
　【裁　判　所】東京家庭裁判所
　【事件の表示】平成○年（家）第○○号
　【裁判の確定日】平成○年○月○日
　【登記年月日】平成○年○月○日
　【登記番号】第○○-○○号

成年被後見人
　【氏　　　名】○○○○
　【生年月日】昭和○年○月○日
　【住　　　所】東京都～
　【本　　　籍】東京都～

成年後見人
　【氏　　　名】○○○○
　【住　　　所】東京都～
　【選任の裁判確定日】平成○年○月○日
　【登記年月日】平成○年○月○日

　　　上記のとおり後見登記等ファイルに記録されていることを証明する。

　　　　　平成24年○年○月○日

　　　　　　　　東京法務局　登記官　　○○○○　　　　　　　印

　　　　　　　　　　　　　［証明書番号］○○○○－○○－○○　（ 1／ 1）

後見人に就任後，本人の住所や自分の住所などこちらに**記載されていること**が変更したときや，**本人が亡くなったとき**には，その旨を登記する必要がありますので，忘れないようにしてください。

8　申立てから審判までどのくらいの時間がかかるのか？

　後見等の申立てをして家庭裁判所の審判がでるまで，どのくらいの時間がかかるのでしょうか？

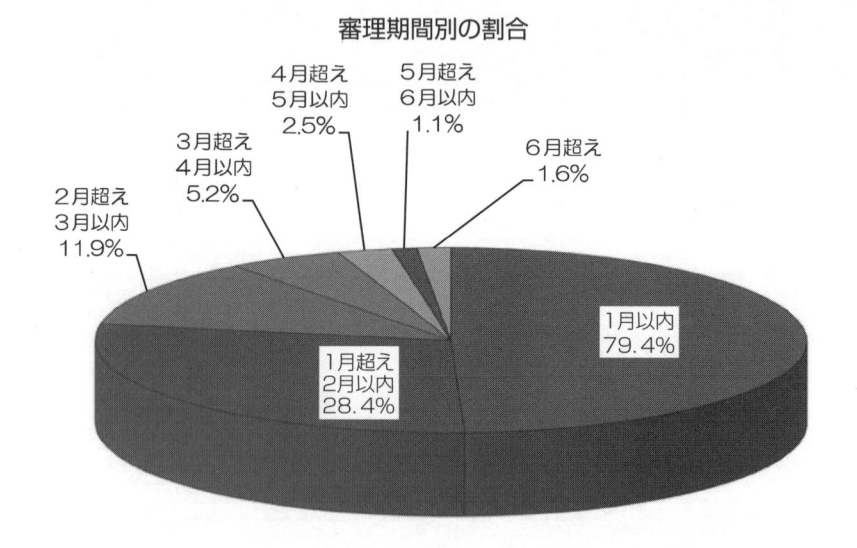

審理期間別の割合

- 1月以内　79.4%
- 1月超え2月以内　28.4%
- 2月超え3月以内　11.9%
- 3月超え4月以内　5.2%
- 4月超え5月以内　2.5%
- 5月超え6月以内　1.1%
- 6月超え　1.6%

　全体うち77.8%は，2か月以内に終了しています。親族の同意書が揃っていて鑑定が不要な場合は，1か月前後で終了していることが多いです。10年前の平成15年度では，2か月以内で終了していた割合は28.5%でしたので，年々審理期間が短くなっているのが分かります。

9 費用は？（●＝必ず必要　▲＝場合によっては必要）

● **診断書取得費用**

健康保険の適応外なので，医師によって異なりますが，数千円から1万円前後程度のようです。

● **収入印紙**

申立書に貼るものが800円，保佐や補助で代理権や同意権の付与の申立てをする場合はそれぞれ800円が追加で必要です。登記費用として2,600円も必要です。

● **切　　手**

3,000円〜4,000円程度。後見，保佐・補助の類型，各裁判所によって金額が異なります。何円切手が何枚と，金種別の枚数の指定がありますので，申立て時に窓口で確認してから購入してください。印紙，切手ともに各家庭裁判所内で購入できる窓口があります。審理終了後，使用しなかった切手は郵送で返却されます。収入印紙，切手を合わせても1万円弱ほどです。

▲ **鑑定費用**

鑑定が必要な場合には，鑑定する医師の指定する額の鑑定費用が必要となります。診断書と同様に，健康保険の適応外なので，医師によって異なります。本人の様子や症状に詳しい主治医が鑑定する場合には5万円以内のことが多いですが，主治医が鑑定を引き受けず初診の医師が鑑定書を書く場合には10万円を超えることもあります。

そういえば、主治医なのに、
申立時の診断書作成費で
3万円も請求されて、
驚いたことがあったね。

うきゅーっ

あれには、びっくりだったね。
鑑定と間違えていたんやろか？

　鑑定費用は，申立て時に納付する必要はなく，申立て後，鑑定が必要な場合は家庭裁判所から連絡が来ますので，定められた期間内に納めてください。

▲　**書類作成費用**

　弁護士や司法書士に，申立書の作成や添付資料の用意を依頼した場合には，作成費用がかかります。弁護士や司法書士の費用は，統一の報酬基準表のようなものがないため事務所によって異なります。

　申立書は，各家庭裁判所のホームページからのダウンロードができ，窓口や郵送でも取得できますので，まずは自分で書いてみて，難しそうならば依頼されるとよいでしょう。

3.8 財産を預けて大丈夫なの？

　補助・保佐で財産管理権がある場合や後見の場合には，後見人等は本人の全財産を預かり，管理します。

　後見人等は，家庭裁判所へ定期的に，本人の状態，どんなことをしたのか，財産の状況はどう変化しているのか，などを報告する義務があります。後見人等は，家庭裁判所の指導監督の下，本人のために必要な行為をし，本人を支援します。

　財産額が多い場合や複雑な事案の場合には，後見人等を監督する「補助監督人」，「保佐監督人」，「後見監督人」が選任されることもあります。監督人がいる場合には監督人のチェックを受けて，後見人等は活動します。

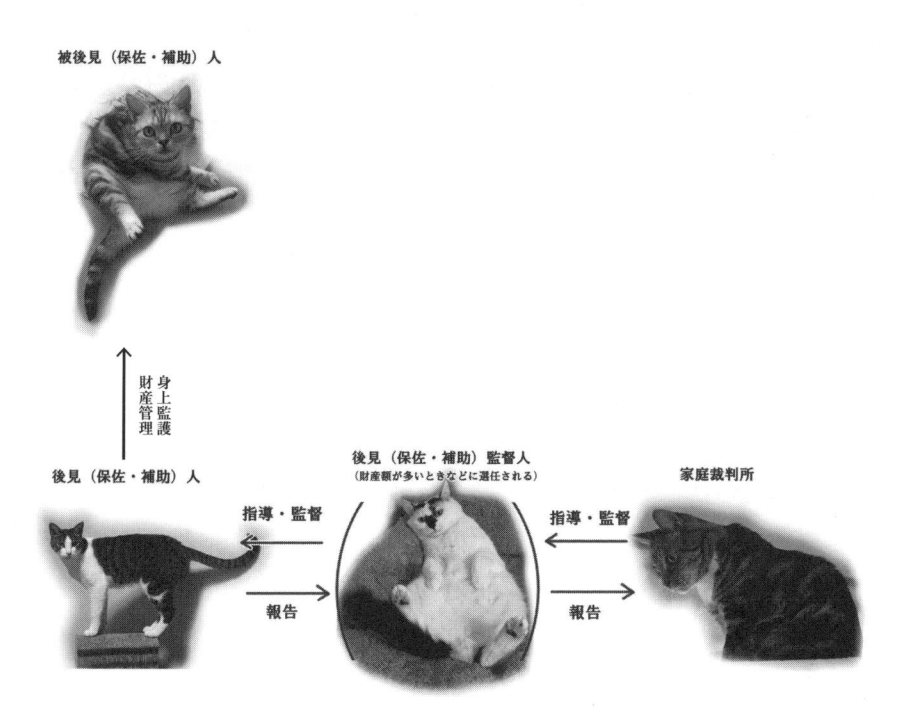

被後見（保佐・補助）人

身上監護
財産管理

後見（保佐・補助）人　　　後見（保佐・補助）監督人　　　家庭裁判所
（財産額が多いときなどに選任される）

指導・監督　　　　　　　指導・監督
報告　　　　　　　　　報告

73

> **コラム**　後見等は面倒くさいだけの制度なのか

　親が認知症になり，預金がおろせない，自宅を売却できない等の問題が生じ，成年後見制度の利用を検討している方に，申立方法や後見人等になった後に定期的に家庭裁判所への報告が必要なことをお話しすると，面倒だと感じる方が少なくありません。

　今までのように，なんとなく親の財産を管理している状態から比較すると確かに面倒です。しかし，メリットもあります。特に，親と同居して介護をしている方，老人ホームにいる親を頻繁に訪問し見守りをしている方，兄弟姉妹がいる方にお勧めなのです。

　たとえば，二人兄弟で，長男が両親と同居し介護をしているとします。将来父が死亡したときに争いが生じやすいのが，互いの思いの擦れ違いです。

　　長男：自分は介護をして大変だったから，その分は考慮してほしい。
　　次男：親の世話をしてくれたのはありがたいけれど，親のお金をずいぶん使って裕福に暮らしていたじゃないか。相続の時に，その分は清算してほしいな。

　この擦れ違いをある程度解消できるのが，後見等の利用です。

　長男が父の後見人になったとします。長男は，父の財産は父のものとして管理し，どのように財産を使ったかの領収書を保管し，家庭裁判所に報告しなくてはなりません。面倒なようですが，父の死亡後に次男から指摘されても，使い込んでいないことをきちんと説明しやすくなります。

　また，長男が後見人として父のために動いた際にかかった交通費や証明書取得の実費等は経費として，父の財産からもらえます。遠方の老人ホームに父が入居しているときは，往復の交通費も結構かかりますので，助けになります。なお，家族と一緒に訪問した場合であっても，長男本人の交通費のみしか経費としては認められません。

長男の自分だけが大変だったという想いに全て報いることはできないかもしれませんが，親族が後見人等になっているときでも，後見人等の報酬付与の請求が家庭裁判所にできます。これは，親からの贈与ではなく後見人等の報酬ですので，父の相続が開始したときであっても，受領した報酬額について，相続分の先取りをしているじゃないかと，弟から主張されることはありません。
　このようなメリットもありますので，後見等の利用を積極的に考えてみることをお勧めします。

3.9　後見制度支援信託

　後見制度は，「家庭裁判所や，監督人のチェックを受けているので安心ですよ。」とお伝えしたいところですが，ときおりニュースになっているように，不祥事が報告されています。ニュースになるのは，専門家が本人の財産を流用した事例なのですが，専門家による使い込みの事例よりもはるかに多いのが，親族後見人による使い込みです。

　最高裁の平成22年の実情調査では，次のように報告されています。

　　「親族後見人等による不正事案は，平成22年6月から平成24年3月までの22か月間に538件，被害総額が約52億6,000万円あった。」

　つまり，毎月24件程度，2億4,000万円弱もの被害が生じているというショッキングな内容でした。この現状を解決するため，平成24年2月から後見制度支援信託が運用開始されています。

　これは，本人の財産を大口のものと日常生活使用の小口金に分けて，小口金

のみ親族後見人に管理させるものです。

　A　日常的な支払いをするのに必要十分な預貯金　⇒　親族後見人が管理する。

　B　それ以外の通常使用しない金額　⇒　信託する。

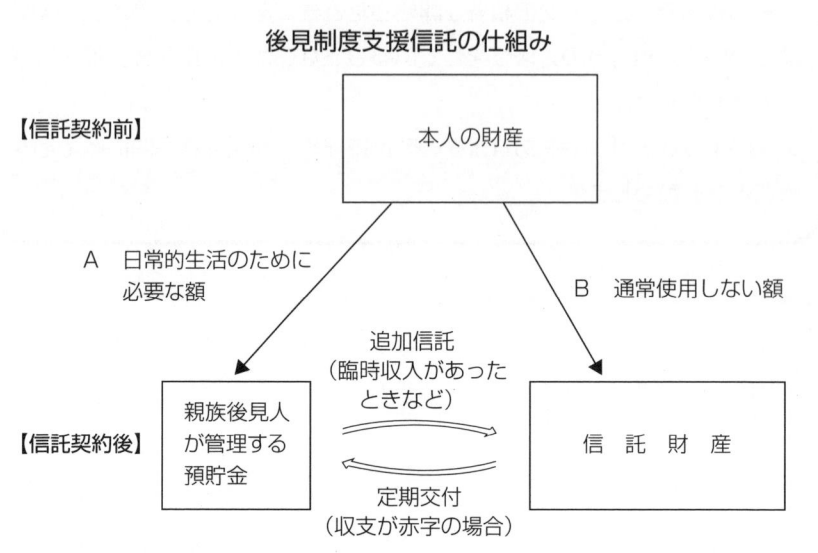

後見制度支援信託の仕組み

【信託契約前】

本人の財産

A　日常的生活のために必要な額

B　通常使用しない額

【信託契約後】

親族後見人が管理する預貯金 ⇔ 信託財産

追加信託（臨時収入があったときなど）

定期交付（収支が赤字の場合）

　※　親族後見人が次の手続きをする場合には、家庭裁判所が発行する指示書が必要です。
　　　・信託契約の解約
　　　・追加信託
　　　・定期交付金額の変更
　　　・一時金交付（信託財産の払戻し）

　Bの大口のほうは、信託をされた信託銀行が管理します。信託財産の払い戻しや解約には、家庭裁判所の指示書が必要となります。信託制度を利用することで、仮に使い込みがあっても、小口金額の範囲内で済むようにしています。

　対象となる事案は後見類型のみで、補助、保佐類型は対象ではありません。

　手続きの流れは、次のとおりです。

第3章　成年後見制度

```
┌──────────┐
│ 後見申立   │
└──────────┘
     ↓
┌────────────────┐
│ 家庭裁判所の審理 │
└────────────────┘
     ↓
┌──────────┐
│ 審　　判  │
└──────────┘
```
　　　後見制度支援信託を検討すべき事案の場合には，家庭裁判所は専門職後
　　見人（弁護士，司法書士）を後見人に選任します。親族後見人を併せて
　　後見人に選任することもあります。

┌──┐
│ 専門職後見人による後見制度支援信託の利用の適否の検討 │
└──┘
　　　専門職後見人は，本人の生活状況や財産状況を確認し，将来どのような
　　身上監護が必要になるのか，そしてその費用はどのくらいかかるのかの
　　計画を立て，後見制度支援信託を利用するかどうかを検討します。

┌──────────────────────────────────┐
│ 家庭裁判所に信託契約をする旨の報告書の提出 │
└──────────────────────────────────┘
　　　専門職後見人が後見制度支援信託に適していると判断したときは，いく
　　ら信託するのか，定期的に小口口座に交付する金額はいくらにするのか，
　　追加信託額が予定されているならばその額と時期等を報告します。後見
　　制度支援信託の利用に適さない場合はその旨を報告し，家庭裁判所で再
　　討され，後見監督人がつくか，専門職が後見人になります。

┌──────────┐
│ 信託契約   │
└──────────┘
　　　家庭裁判所は，報告書を確認しそれが相当と認めたときには，指示書を
　　発行します。専門職後見人はその指示書を信託銀行に提出して信託契約
　　をします。

┌──────────────────┐
│ 専門職後見人が辞任   │
└──────────────────┘
　　　信託の仕組みを作った後は，専門職後見人は辞任し，親族後見人に財産
　　を引き継ぎます。専門職後見人が後見監督人として残るケースもありま
　　す。

　　　○　信託できるのは金銭のみです（不動産は×，株式等は換金すれば信
　　　　託財産にできますが，換金処分するかどうかは別途検討が必要）。
　　　○　親族後見人の事例で適用が検討されます（専門職後見人の時，補助，
　　　　保佐類型では利用せず）。
　　　○　信託引受時報酬・管理報酬・信託報酬は各金融機関により異なりま
　　　　す。
　　　○　遺言がある場合には，利用されません。

なんでや？

A銀行の預金は長女に、B銀行の預金は妻に
という遺言があるのにその預金を取り崩して
信託したら、本人の意思を踏みにじってしまうからです。

第4章
担い手不足が心配されている成年後見制度

　成年後見制度はどのくらい利用されているのか，今後の利用状況はどうなるのか，裁判所の統計を引き続き見てみましょう。

4.1 どのくらい利用されているのか

後見等は，どのくらいの人が利用しているのでしょうか？

過去5年における申立件数の推移

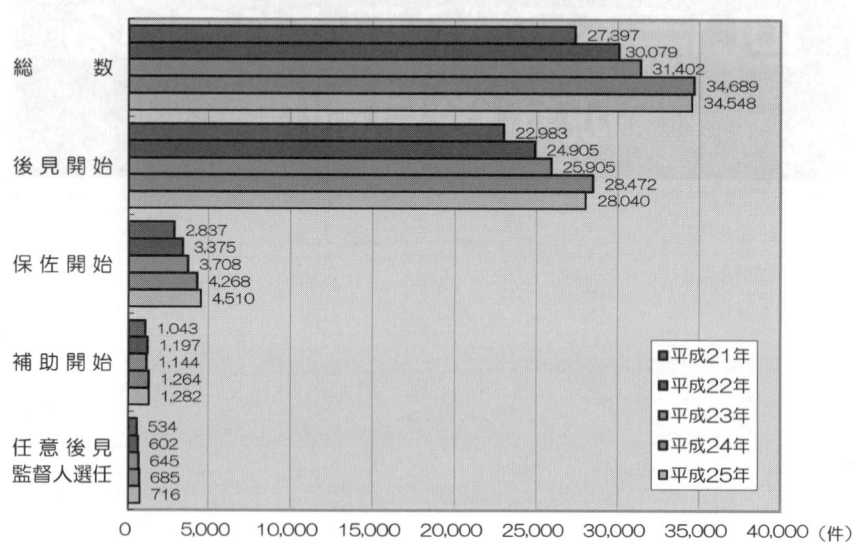

区分	平成21年	平成22年	平成23年	平成24年	平成25年
総数	27,397	30,079	31,402	34,689	34,548
後見開始	22,983	24,905	25,905	28,472	28,040
保佐開始	2,837	3,375	3,708	4,268	4,510
補助開始	1,043	1,197	1,144	1,264	1,282
任意後見監督人選任	534	602	645	685	716

「成年後見関係事件の概況」（最高裁判所事務総局家庭局）の平成25年度版より

　毎年着実に申立件数が増えているのが分かります。
　成年後見制度は，2000年4月から運用が開始しました。それ以前は，禁治産・準禁治産という制度がありましたが，言葉の響きや戸籍に記載されてしまうことがあり，あまり利用されていませんでした。成年後見制度になってからは，毎年申立件数が増えています。
　申立てのほとんどは，後見類型（一番サポートが必要な類型）です。

第4章　担い手不足が心配されている成年後見制度

4.2　どんな人が利用しているのか

　後見等を利用している人の60.1％が女性です。男女別年代ごとの割合は，次のとおりです。

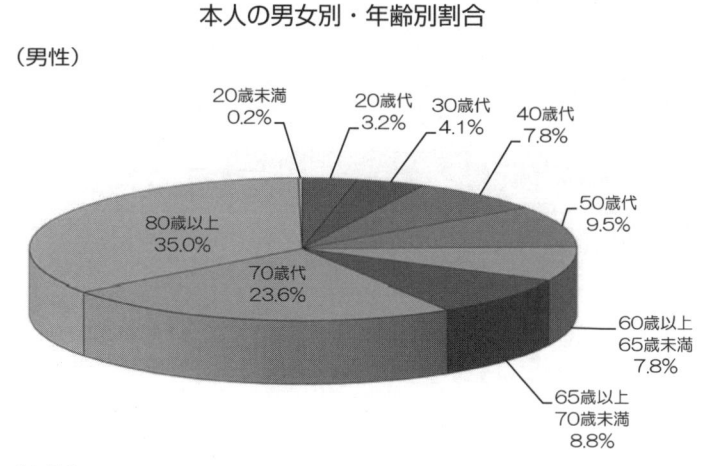

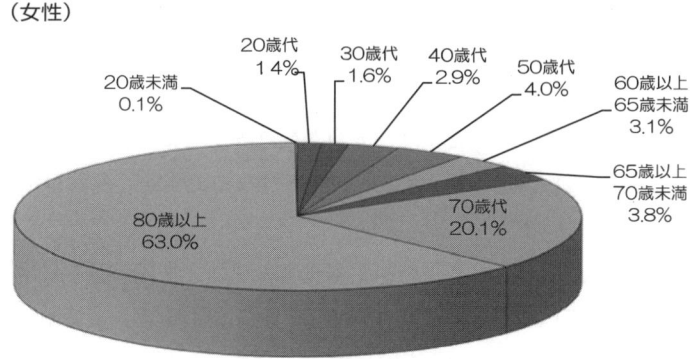

本人の男女別・年齢別割合

（男性）
- 20歳未満 0.2%
- 20歳代 3.2%
- 30歳代 4.1%
- 40歳代 7.8%
- 50歳代 9.5%
- 60歳以上65歳未満 7.8%
- 65歳以上70歳未満 8.8%
- 70歳代 23.6%
- 80歳以上 35.0%

（女性）
- 20歳未満 0.1%
- 20歳代 1.4%
- 30歳代 1.6%
- 40歳代 2.9%
- 50歳代 4.0%
- 60歳以上65歳未満 3.1%
- 65歳以上70歳未満 3.8%
- 70歳代 20.1%
- 80歳以上 63.0%

「成年後見関係事件の概況」の平成25年度版より

　男性では，80歳以上の利用者が最も多くなっています。女性の場合はもっと顕著で，80歳以上の場合が女性全体の63％を占めています。男女とも70歳以上の利用者が多いです。

4.3 日本の人口統計から見る将来の利用者数

後見,保佐,補助,任意後見を利用している人の合計は,平成25年12月末日時点で176,564人です。

成年後見制度の利用者数の推移

	平成22年12月末日時点	平成23年12月末日時点	平成24年12月末日時点	平成25年12月末日時点
総数	140,309	153,314	166,289	176,564
成年後見	117,020	126,765	136,484	143,661
保佐	15,589	17,917	20,429	22,891
補助	6,225	6,930	7,508	8,013
任意後見	1,475	1,702	1,868	1,999

「成年後見関係事件の概況」の平成25年度版より

　世界的には,全人口の1％程度の人数が後見等が必要だといわれています。本来は,127万人ほどの人が利用していて当然なのですが,現状はその14％弱の利用に留まっています。

　今後,高齢者が増え,単身世帯や夫婦世帯のシニア世代がさらに増えると,後見制度のニーズが高まると予想されます。申立ての煩雑さを簡略すること,後見制度の周知をはかること,後見人等の受け皿をきちんと用意しておくことが,ますます重要になってきます。

第5章
市民後見人になるには

当初は親族後見人の割合が9割を超えていたものの，現在その割合は50％を切り，一方で，専門職後見人等の第三者後見人の割合が増えています。専門職も人数にかぎりがあるため，新たな担い手として，市民後見人に注目が集まっています。

5.1 市民後見人とは

　市民後見人とは，司法書士，弁護士，社会福祉士などの専門職でも本人の親族でもない一般市民で，各自治体の行う研修を終了し，家庭裁判所から後見（保佐・補助）人として選任された人のことです。本人と同じ地域に居住し，社会貢献活動として，本人が安心して暮らせるように活動をします。

同じ地域に住む、
後見業務を理解している
ボランティアさんってこと？

まぁ、そんなイメージかな。
志が高い方が多いです。

5.2　市民後見人へのニーズ

　市民後見人が必要とされる背景としては，後見人等の担い手不足を補うだけではありません。

　かつては，介護は家でという時代でしたが，核家族化，単身世帯の増加，女性の社会進出などにより家に支え手がいないことも多く，介護保険により介護が必要な人を社会全体で支えるものに変化してきています。

　認知症や精神障がい，知的障がいの方についても，家庭ではなく社会で支える必要が出てきています。せっかくの介護保険も，介護契約ができる判断能力がなければ利用できません。本人の判断能力が不足している場合には，後見人等をつけて本人のために必要な介護サービスを考え，契約をする必要があります。認知症等の方を支える成年後見制度が，必要な時にスムーズに利用できる環境を充実させる必要があり，安心して任せられる担い手の拡充を求められています（成年後見の社会化現象）。

　東京で後見業務に携わっていると，単身世帯化，無縁化を特に感じます。若いときに東京に出てきて，親戚は田舎にいるものの年月とともに付き合いが疎遠になっている方，親戚と頻繁に連絡はとっているものの，遠方のため細々としたことを頼るのが難しい方，子供がいても先に亡くなっていたり，結婚して海外にいる方など，事情はさまざまです。

　2001年に，千葉県の常盤平団地で，死後3年を経過した一人暮らしの男性の遺体が発見された衝撃は，大きなものでした。

明日は我が身…
と思った方も
多かったやろうな

よよよ

大きな波紋を呼びましたね。

　その後，常盤平団地では，交流スペースを設けたり，声掛けや見守り活動をするなどして，孤独死対策の取組みをしています。住民同士の交流の重要さ，地域での相互見守りの重要さが，再認識されています。市民が地域福祉活動の一環として血縁のない第三者の市民後見人になることは，自分の暮らす地域を，認知症の高齢者の方や障がい者の方も暮らしやすい優しい地域にしようとする，共に見守り，助け合う精神に基づく活動といえます。

第5章 市民後見人になるには

遠くの親戚より近くの他人
おいらの兄と姉です。
血縁関係はないけれど。

支え合うって
ありがたいなぁ。

程度によるわっ

　専門家が後見人等に就任した場合には，本人が一人暮らしか，施設に入所しているか等によっても異なりますが，本人のところへ訪問するのは，1〜2か月に1回程度です。本人と同じ地域に暮らす市民後見人には，それ以上（例，週1回）の訪問が期待されています。本人の状態について，より細かく観察し，また本人との信頼関係も築ける利点があります。
　また，市民後見人の育成及び活用を後押しする2つの法律の施行も，後押しをしています。

> **老人福祉法第32条の2（平成24年4月1日施行）**
> （後見等に係る体制の整備等）
> 第32条の2　市町村は，前条の規定による審判の請求の円滑な実施に資するよう，民法に規定する後見，保佐及び補助（以下「後見等」という。）の業務を適正に行うことができる人材の育成及び活用を図るため，研修の実施，後見等の業務を適正に行うことができる者の家庭裁判所への推薦その他の必要な措置を講ずるよう努めなければならない。
> 2　都道府県は，市町村と協力して後見等の業務を適正に行うことができる人材の育成及び活用を図るため，前項に規定する措置の実施に関し助言その他の援助を行うように努めなければならない。
>
> **知的障害者福祉法第28条の2（平成25年4月1日施行）**
> （後見等を行う者の推薦等）
> 第28条の2　市町村は，前条の規定による審判の請求の円滑な実施に資するよう，民法に規定する後見，保佐及び補助（以下この条において「後見等」という。）の業務を適正に行うことができる人材の活用を図るため，後見等の業務を適正に行うことができる者の家庭裁判所への推薦その他の必要な措置を講ずるよう努めなければならない。
> 2　都道府県は，市町村と協力して後見等の業務を適正に行うことができる人材の活用を図るため，前項に規定する措置の実施に関し助言その他の援助を行うように努めなければならない。

　この2つの法律により，**市区町村による**市民後見人の育成とその活用への取り組み，成年後見制度利用促進のための広報，普及活動が本格始動しました。

第5章 市民後見人になるには

ん？
国全体やのうて、市区町村単位で市民後見人の育成とサポートをするん？

より地域に密着した活用をできるように、ということなのでしょうね。

5.3 誰でもなれるの？

　市民後見人になるには，特段資格は必要ありません。ただ，本人の財産を預かり，本人について重要な判断をする人なので，誰でもなれるわけではありません。
　定年退職したボランティア活動に興味のある方や，意識の高い方が担い手になることが多いようです。

5.4 市民後見人になるには？

　市民後見人をやってみようと思う方は、**市民後見人養成研修**を受ける必要があります。成年後見制度の基礎知識や、後見業務をするうえで心得ておくべき倫理、年金の知識、介護保険の知識や認知症についての知識を身に付けるためです。いつ開催されるかは、自分が住んでいる地域の自治体や社会福祉協議会（以下、実施機関といいます）に問い合わせをするか、厚生労働省のホームページで確認してください。

　厚生省HP，市民後見関連情報
　　http://www.mhlw.go.jp/stf/seisakunitsuite/bunya/hukushi_kaigo/kaigo_koureisha/shiminkouken/

　このホームページに掲載されている、厚生労働省版の「市民後見人養成のための基本カリキュラム」では、50時間の研修となっています。実施機関の目指す市民後見人の姿により、講習内容や時間は異なりますが、どんな内容なのか参考までにご覧ください。

第5章 市民後見人になるには

市民後見人養成のための基本カリキュラム

合計 50 単位 ＝ 39 単位（講義・実務・演習） ＋ 11 単位（体験学習＋レポート作成）
補講を行う場合52単位　※1単位=60分

基礎研修　21 単位／1260 分

◆市民後見概論　3単位／180分

No.	研修テーマ	科目	単位	時間
1	市民後見概論	市民後見概論	3単位	180分

◆対象者理解　4.5単位／270分

No.	研修テーマ	科目	単位	時間
2	対象者理解	高齢者・認知症の理解	2.5単位	150分
3		障害者の理解	2単位	120分

◆成年後見制度の基礎　4単位／240分

No.	研修テーマ	科目	単位	時間
4	成年後見制度の基礎	成年後見制度概論	1.5単位	90分
5	※どこかで消費者保護	成年後見制度各論Ⅰ　法定後見制度	1単位	60分
6		成年後見制度各論Ⅱ　任意後見制度	0.5単位	30分
7		成年後見制度と市町村責任	0.5単位	30分
8		地域福祉・権利擁護の理念／日常生活自立支援事業・成年後見制度利用支援事業	0.5単位	30分

◆民法の基礎　2単位／120分

No.	研修テーマ	科目	単位	時間
9	民法の基礎	家族法	1単位	60分
10		財産法	1単位	60分

◆関係制度・法律（当該市町村・地域の取組現状）5.5単位／330分

No.	研修テーマ	科目	単位	時間
11	関係制度・法律	介護保険制度	1.5単位	90分
12	(当該市町村・地域の取組現状)	高齢者施策／高齢者虐待防止法	1単位	60分
13		障害者施策／障害者虐待防止法	1単位	60分
14	※広域で研修実施の場合、当該市町村において「当該市町村・地域の現状」を補講すること	成年後見を取りまく関係諸制度の基礎〜生活保護制度・健康保険制度・年金制度	1.5単位	90分
15		税務申告制度　等	0.5単位	30分

◆市民後見活動の実際　2単位／120分

No.	研修テーマ	科目	単位	時間
16	市民後見活動の実際	後見実施機関の実務と市民後見活動に対するサポート体制	1単位	60分
17		現役市民後見人による実践報告	1単位	60分

実践研修 29（31補講）単位／1080（1200補講）分＋α（体験実習・レポート作成）

◆対人援助の基礎　2単位／120分

No.	研修テーマ	科目	単位	時間
18	対人援助の基礎	対人援助の基礎	2単位	120分

◆体験実習（フィールドワーク）　8単位／1日半＋30分

No.	研修テーマ	科目	単位	時間
19	体験実習①	体験実習についての留意点	0.5単位	30分
20	体験実習②	後見人の後見業務同行	2.5単位	約半日
21	体験実習③	施設実習	5単位	約1日

◆家庭裁判所の役割（いずれか選択）1.5単位／90分 or 約半日

No.	研修テーマ	科目	単位	時間
22	家庭裁判所の役割①	家庭裁判所の実際	1.5単位	90分
23	家庭裁判所の役割②	家庭裁判所見学	1.5単位	約半日

◆成年後見の実務　9.5単位／570分

No.	研修テーマ	科目	単位	時間
24	成年後見の実務①	申立手続書類の作成	2単位	120分
25	成年後見の実務②	財産目録の作成	1.5単位	90分
26	成年後見の実務③	後見計画・収支予定の作成	1.5単位	90分
27	成年後見の実務④	報告書の作成	1.5単位	90分
28	成年後見の実務⑤	後見付与申立の実務	1.5単位	90分
29	成年後見の実務⑥	後見事務終了時の手続き／死後事務	1.5単位	90分

◆課題演習（グループワーク）　5単位／300分

No.	研修テーマ	科目	単位	時間
30	課題演習	事例報告と検討	5単位	300分

◆レポート作成　3単位

No.	研修テーマ	科目	単位	時間
31	レポート作成①	志望動機書（エントリーシート）	−	−
32	レポート作成②	体験実習の報告書作成	2単位	−
33	レポート作成③	市民後見人像	1単位	−

◆補講　当該市町村・地域の現状　2単位／120分

No.	研修テーマ	科目	単位	時間
34	当該市町村・地域の現状	介護保険・高齢者施策への取組状況	0.5単位	30分
35		障害者施策への取組状況	0.5単位	30分
36	※市町村による研修実施の場合、関係・制度法律に含め省略	地域福祉への取組状況	0.5単位	30分
37	※広域で研修実施の場合、当該市町村において「当該市町村・地域の現状」を補講	社会資源	0.5単位	30分

厚生省，市民後見関連情報より
http://www.mhlw.go.jp/stf/seisakunitsuite/bunya/hukushi_kaigo/kaigo_koureisha/shiminkouken/

第5章　市民後見人になるには

研修しんどそうやなー。
実際に後見業務をするときに
必要な知識がそれだけぎょーさん
あるってこっちゃな。

カリキュラム見ただけで疲れた〜

＊社会福祉協議会とは＊

　社会福祉協議会は，「社協」の略称で呼ばれている，地域の福祉を推進する民間団体です。民間団体とはいえ，社会福祉法（第109条）に定められていて，自治体をはじめとして，地域の方や福祉団体ともネットワークを持つ社会福祉法人です。

　高齢者や障がい者，子育て中の親子などの多様な福祉ニーズに応えるため，ボランティアなどと協力しながら地域の特性を踏まえ創意工夫をこらした事業に取り組んでいます。また，誰もが地域において安心して住み続けられるよう，地域の方々と力を合わせて活動しています。

　どのように市民後見人として活躍するまでに至るかは，実施機関で異なります。一例として，江東区社会福祉協議会の権利擁護センター「あんしん江東」のケースをご紹介します。

【あんしん江東】
① 区報で市民後見人募集のお知らせ
② 申込
③ 作文審査をして，合否を通知
④ 面接審査をして，合否を通知
　　面接合格者に次のような講習や実習をつんでもらいます。
⑤ 市民後見人養成基礎講習を受講する。
⑥ 3〜4か月ほど，日常生活自立支援事業に同行し，立会いをする。

日常生活自立支援事業というのは，社会福祉協議会がしている事業で，少し判断能力に不安がある高齢者や障がいのある方を対象に，どのような福祉サービスを受けられるかの相談，その利用の際の手続きや利用料の支払いの手伝い，日常で必要な範囲での金銭管理（年金受領，税金の支払い，生活費を預金からおろす等），年金証書や通帳，権利証，実印など，大切な書類などの預かりをするものです。定期的に生活支援員（支援計画に沿って利用者の生活を支援する人）が訪問します。

　後見制度とは異なり，全財産の管理を任すことはできず，日常生活の範囲内での金銭管理となりますが，金銭や書類の管理，依頼者との接し方等を学ぶことができます。

⑦　あんしん江東の生活支援員として登録され，１年間活動する。それと並行して研修を受講する。

⑧　生活支援員としての活動と研修参加を評価し，適任であれば名簿登載される。

⑨　生活支援員として引き続き活動する。そして，適宜の受任案件があったときは，運営委員会受任審査会で検討したうえで，後見人候補者として家庭裁判所に紹介される。

⑩　後見人に就任。あんしん江東が後見監督人として選任されるので，どのような後見活動をしたか，財産状況はどうか等をあんしん江東に報告し，また業務で困ったことがあればすぐに相談できる体制になっている。

「あんしん江東」のケースでは，生活支援員の活動であんしん江東の職員とも顔の見える関係になっているため，日常的に後見業務の報告や相談が気軽にできるそうです。後見業務をしていると，判断に迷う事例が出てきますので，市民後見人への支援体制があって，素晴らしいと思います。家庭裁判所も市民後見人を選任する際に，実施機関による市民後見人に対する支援・監督機能を重視しています。

第5章　市民後見人になるには

ほぉ。

市民後見人に就任後、
あとは頑張りや〜、
と放り出されるわけやない
のは安心やな。

5.5　市民後見人活用の課題

　市民後見人になろうと思う方は，困っている高齢者のために，と善意で取り組む方が多いようです。市民後見人の研修を終えた方の中には，こんなに責任が重いと思わなかったといわれる方も少なくありません。確かに，善意の手助けにしては，責任が重い側面はあります。

どっちにしようかな。
こっち…
かなぁ。

後見人等の判断は、
本人の人生を左右しかねず、
責任重大や。

市民後見人の方が担当する事案は，できるだけ虐待等の紛争性がなく，訴訟や債務整理等の専門知識が不要で，財産が多額ではないものが多いようですが，選任された後に問題が生じることもありますし，避けることのできない医療行為への同意の問題や，本人が死亡した後の葬祭，納骨，相続人への財産の引渡しがあります。市民後見人が責任感を負担に感じすぎないよう実施機関での支援が欠かせません。

　市民後見人のなり手の年齢の偏在の問題もあります。市民後見人候補者のメインは，リタイアした方です。実施機関により異なりますが，研修受講時の年齢は65〜70歳以下となっています。仮に65歳でリタイアして，すぐに研修を受講し，66歳から市民後見人として活動したとして，何歳まで市民後見人として活動していただけるか……。長くやってもらえそうな30〜40代は，子育てや勤務で忙しい世代です。

　また，後見人等の受け皿を用意するという側面も市民後見人には期待されていますが，実施機関による育成・研修，後見人就任後の監督・支援が必要なことを考えると，毎年育てられる人数は，数名程度と限られてしまいます。実施機関への予算の手当ても必要です。

　市民後見人育成は始まったばかりでまだまだ課題はありますが，実際に市民後見人として活動している方からは，地域で暮らす喜びを一緒に分かち合える，自分の小さな気付きで高齢者の暮らしがよくなりやりがいがある，という声もありますので，この動きが広がり，後見人候補者の選択肢が増え，後見制度が利用しやすくなることを願っています。

第5章 市民後見人になるには

> **コラム** 地域包括支援センター
>
> 　後見人等に就任した後に頼れる存在として，地域包括支援センターがあります。地域包括支援センターは，地域住民の保険医療の向上及び福祉の増進を包括的に支援することを目的として，2005年の介護保険法の改正に伴い創設された高齢者の生活を支える役割を果たす総合機関です（介護保険法115条の46）。介護予防事業，保健医療，公衆衛生，社会福祉その他の関連施策に関する総合的な情報の提供，関係機関との連絡調整その他保健医療の向上及び福祉の増進を図るための総合的な支援を行う事業，虐待防止及び早期発見事業，要介護者の居宅サービス計画の検証事業などをしています。市区町村が責任主体で，市区町村から委託を受けた法人が運営しています。センターには，主任ケアマネジャー，保健師，社会福祉士がいて，チームになって業務をしています。医療，介護，地域，専門職を結ぶネットワークを構築し，切れ目のない支援をする，65歳以上の方のよろず相談所といえます。

第6章
後見人等がすべきこと

　今まで後見等はどういう制度か，市民後見人にはどうやってなるのかを説明してきました。ところで，後見人等は実際にどのようなことをしているのでしょうか？　何をしてくれる人なのでしょうか？　補助人，保佐人，後見人で権限が違うため多少は異なりますが，一番権限が大きくやることが多い後見人の場合を例に，就任後から終了時まで順を追って説明します。

6.1 就任時，家庭裁判所への報告

後見人に就任したときは，まず何をすべきでしょうか？

1 本人に会う

本人に会って，健康状態はどうなのか，今の生活状況はどうなのか，今後の生活スタイルの希望はどのようなものかなどを伺いましょう。老人ホームに暮らしているならば，スタッフ・看護師，在宅ならば介護サービス会社やケアマネにも本人の様子を伺い，今後予想される本人の健康状態の変化や，大きな出費を把握しましょう。

2 後見人等であることの証明書を取得しよう

家庭裁判所は，審判確定後に東京法務局に後見人等の登記を依頼します。登記が終わると，登録番号の通知が郵送されてきますので，自分が後見人等であることの証明書を取得しましょう。これがないと，役所や金融機関等で手続きができません。取得方法については，前述のとおりです（66ページ）。

3 後見人の届け出を出す

後見人等の証明書を取得したら，本人の財産調査と後見制度利用開始の届けをしましょう。

① 金融機関への届出

銀行窓口に行き，後見人等の届出をしたい旨を伝えてください。所定の用紙に記入し，後見人等の届け出印の登録をすれば，本人の後見人等として登録され，以後，後見人等として預貯金をおろすことや，入金ができるようになります。逆に，被後見人は取引ができなくなります。被保佐人・被補助人の場合は，保佐人・補助人に与えた権限により異なりますが，本人が取引できなくなったり，保佐人・補助人の同意がないと取引できなくなったりします。

手続きには，後見人等の証明書，後見人等が銀行に届ける印鑑が必要になります。金融機関によっては，後見人等の印鑑証明書を要求することもあります。事前に電話で必要書類を確認するとよいでしょう。後見制度が始まったころは手続きに不慣れな金融機関が多く，事前に予約して赴いてもかなり時間がかかりましたが，最近では短くなり，1時間以内には手続きが終わるところが多いです。

本人が貸金庫の契約をしているときは，着服の疑いをかけられないよう，できれば第三者の立会いのもと貸金庫を開けて中の物をチェックしましょう。

② 証券会社への届出

窓口で手続きするかもしくは郵送のやり取りで手続きをします。手続きや必要書類は，金融機関でのときと同様です。

③ 年金事務所での届出

年金についても，後見人等の届け出をします。今では，原則として「現況届」は住基ネットを活用して現況確認することになっていますが，年金受給者が住基ネットに参加していないときや，年金受給者の氏名や住所が住基ネットと異なるときは，現況届が送付されてきます。現況届を返送しないと年金支給が停止してしまうので，後見人等が現況届を受領できるように必ずしておきましょう。

④ 役所への届出

本人の生活に必要な，医療保険証，介護保険証，納税通知書等の送付先を後見人等の住所に変更しましょう。役所により1つの窓口で全て送付先変更の届け出ができるところと，そうではなく各窓口で個々に手続きをしなくてはならないところがあります。必要に応じて，紙おむつの助成申請，介護認定申請もしましょう。

障がい者の場合は，障がい者手帳に関する送付先変更もしましょう。定期的に更新が必要になるので，忘れないようにしましょう。

4　第1回目の家庭裁判所への報告を出そう

　後見人等に選任されてから後1か月ほどの指定期間内に，家庭裁判所に財産目録と年間収支予定表を提出する必要があります（東京家庭裁判所の場合。他の地域では異なる書類・期間かもしれません）。後見人等の選任申立て時に財産目録は一度提出していますが，後見人等に就任すれば今まで教えてもらえなかったことを聞けたり，通帳が紛失していれば後見人等の権限で再発行できたりしますので，改めて財産を調査して報告をします。

　収支状況についても，後見人等の権限で年金について調べたり，負債があればその調査ができますので，収支状況を把握し，どのように今後本人の生活を賄っていくかを考え，年間の収支予定表を作成します。

6.2　後見人の日常的な仕事

　家庭裁判所に第1回目の報告を提出し，本人の状態，財産状況を確認したら，いよいよ本格的に後見人等としての仕事開始です。日常的にすることには，次のようなものがあります。

①　本人の生活状態や健康状態の確認

　定期的に訪問して，本人の生活状況と健康状態を確認し，本人及び周囲の関係者から話を聞いて，困っていること，不安なことはないか，もしあればそれを解決するにはどうしたらよいかを検討したり，本人に必要な介護サービスを受ける契約をしたりして，より安心・安全に暮らせる環境を整えます。

②　収支管理・預貯金の管理

　年金，家賃，株式の配当などの本人の収入をチェックし，医療費や生活費，老人ホーム費用等の支出，住民税や固定資産税の支払い，必要な場合は確定申告をします。通帳は，適宜の間隔で記帳し，お金の出入りや総財産額の把握をします。

③ そ の 他

　本人あてに来る郵便物も管理し，介護認定の更新申請や，健康保険証の受領などをします。財産管理をする必要がありますので，通帳は後見人が管理し，それ以外の年金証書や生命保険証，火災保険証，不動産の権利証なども管理します。なお，健康保険証（後期高齢者医療受給者証），介護保険証，障がい者手帳については，施設に入居しているならば施設に，そうでない場合には本人もしくは本人の家族に預けましょう。

　本人に預けると紛失することも多いですが，どのように対応するかはケースバイケースです。一例として，一人暮らしの後見類型の方の事例を紹介します。

　この方は，定期的に通う病院があったので，健康保険証を預けていましたが，紛失することが続き（再発行後，家の中で見つかったこともあり），また，失くしたことに対する本人の動揺が大きく精神的に不安定になることもあったので，病院と相談して，健康保険証は私が管理し，本人には複数枚のコピーをお渡しました。新規の病院にかかった場合に備えて，コピーの余白には後見人が原本を管理していることと私の連絡先を記載しておきました。

6.3　家庭裁判所への報告・報酬額の目安

　家庭裁判所へ就任後の初回報告をした後は1年毎に，どんな活動をしたか，本人の状況はどうか，本人の収支，財産状況はどうなっているのかを通帳のコピーや領収書をつけて報告しなくてはなりません。それと同時に，報酬を付与してもらう申立てができます。

うっわ〜

家庭裁判所に報告するなんて、
胃が痛くなりそうや。

報告する時期になって慌てないよう，
普段から日誌や出納簿をつけ書類を
管理することが必要だね。

　親族が後見人候補者になろうと思っているときに躊躇するのが，この報告です。どのような報告をするのか，東京家庭裁判所で使用されている報告書を見てください。

第6章　後見人等がすべきこと

(基本事件　平成　　年(家)第　　　号　成年被後見人　　　　　　　)

後 見 事 務 報 告 書

平成　　年　　月　　日
報告者（成年後見人）　　　　　　　　　印
住所　　　　　　　　　　　　　電話　（　　）

1．被後見人の住所，氏名，健康状態などの生活状況
　(1) 現在被後見人が居るところは，
　　　□施設（施設の名称：　　　　　　　　　　　　　　　　）□自宅
　　　□近いうちに以下のように変わる予定がある。
　　　※住民票の変更の有無（□あり（住民票の写しを添付してください。）□なし

　(2) 被後見人の健康状態
　　　□問題ない。　□以下のとおり

2．被後見人の財産の内容は，
　　□変わっていない。　□以下の部分が変わった。

　　□近いうちに以下のように変わる予定がある。

3．被後見人の生活や財産について，他に報告したいことは，
　　□なし　　□以下のとおり

□次のページにも報告事項があります。
□報告は，以上の事項のみです。

105

(継続報告用)

平成　　年（家）第　　　号

財産目録（平成　　年　　月末日　現在）

1　不動産

番号	所在，種類，面積等	備考（変動事項等）

2　預貯金，現金

番号	金融機関名，口座番号	種類	前回（　/　）金額	今回（　/　）金額	備考（変動事項等）

現金・預貯金総額　　　　　　円　　　　　　円

前回との差額　＋－　　　　　　円

3　その他の資産（保険契約，株券，各種金融資産等）

番号	種類（証券番号等）	金額（数量）	備考（変動事項等）

4　負債

番号	種類（債権者）	金額（円）	備考（変動事項等）

負債総額　　　　　　　　　円

※　パソコン・ワープロ等で財産目録を作成する方は，A4用紙で上記形式の報告書を作成ください。
※　この用紙を使用する方で，書ききれない場合は，用紙をコピーして使用ください。

平成　　年　　月　　日

作成者氏名　　　　　　　印

第6章 後見人等がすべきこと

収支状況報告書(平成　年　月　日から　年　月末日まで)

平成　年(家)第　号

1 収入

番号	区分, 内容	金額（円）	備考（特記事項等）

A 合計　　　　円　新たに報告する収入 [　　　]

2 支出

番号	区分, 内容	金額（円）	備考（特記事項等）
	生活費		
	療養費（　　　　）		
	住居費（　　　　）		
	税金（　　　　）		
	保険料（　　　　）		

B 合計　　　　円　新たに報告する支出 [　　　]

A－B＝　　　　円

※ パソコン・ワープロ等で収支状況報告書を作成する方は，A4用紙で上記形式の報告書を作成ください。
※ この用紙を使用する方で，書ききれない場合は，用紙をコピーして使用ください。

平成　年　月　日

作成者氏名　　　　　　印

日々業務日誌をつけ，本人の財産の家計簿をつけていれば，さほど大変なことではありません。親族が後見人等になっているときも，報酬付与の請求ができます。報酬を付与してもらいたいときには，こちらの申立書も併せて提出します。

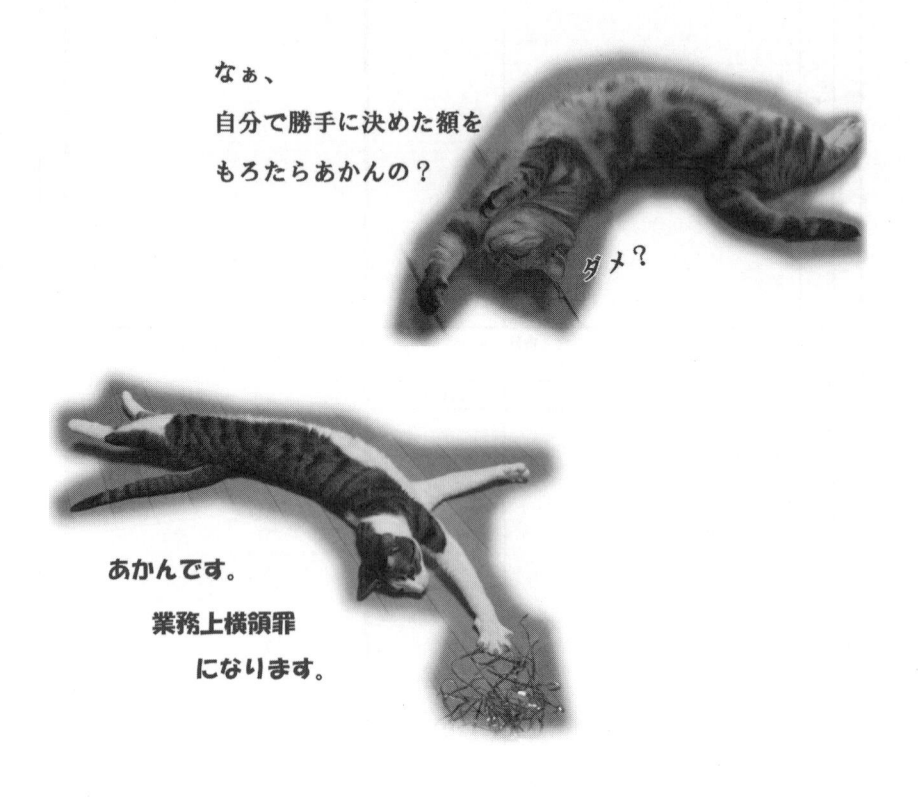

なぁ、
自分で勝手に決めた額を
もろたらあかんの？

ダメ？

あかんです。
　業務上横領罪
　　になります。

第6章　後見人等がすべきこと

受付印	□成年後見人　□保佐人　□補助人　□未成年後見人 □監督人（□成年後見　□保佐　□補助　□任意後見 □未成年後見）に対する報酬付与申立書	
	この欄に収入印紙をはる。 1件について甲類審判　800円 （はった印紙に押印しないでください。）	
収入印紙　　800円 予納郵便切手　82円		
準口頭	基本事件番号　平成　年（家　）第　　　号	

東京家庭裁判所　　　　御中
　　　　　□立川支部　　申立人の記名押印　　　　　　　　　印
平成　　年　　月　　日

添付書類	□報酬付与申立事情説明書　□後見等（監督）事務報告書　□財産目録 □預貯金通帳の写し等　□ ※後見登記事項に変更がある場合は□住民票写し　□戸籍謄本

| 申立人 | 住所又は事務所 | 〒　　－　　　　　　　電話　　（　　） | ※申立人欄は窓空き封筒の申立人の宛名としても使用しますので、パソコン等で書式設定する場合には,以下の書式設定によりお願いします。
（申立人欄書式設定）
　上端10.4cm
　下端14.5cm
　左端　3.3cm
　右端　5cm |
| | 氏名 | | |

| 本人 | 住所 | 〒　　－ |
| | 氏名 | |

申立ての趣旨	申立人に対し，相当額の報酬を与えるとの審判を求める。
申立ての理由	別添報酬付与申立事情説明書のとおり

------------------ 裁判所使用欄 ------------------

1　申立人に対し　{□就職の日　／　□平成　年　月　日} から {□終了の日　／　□平成　年　月　日} までの

報酬として，本人の財産の中から　　　　万　０００円（内税）を与える。

2　手続費用は，申立人の負担とする。
　　　平成　　年　　月　　日
　　　　　東京家庭裁判所　□家事第1部　□立川支部
　　　　　　　　裁判官

	告　　知
受告知者	申立人
告知方法	□住所又は事務所に謄本送付 □当庁において謄本交付
年月日	平成　　・　　・ 裁判所書記官

109

基本事件番号　平成＿＿＿年（家）第＿＿＿＿＿＿号　本　人＿＿＿＿＿＿＿＿

報酬付与申立事情説明書

1　別紙財産目録のとおり，報告時点で管理する財産（流動資産）額は次のとおりである。

　① 預貯金等　　　　　　　　　　　　　　　金＿＿＿＿＿＿＿＿＿＿円
　② 株等（時価で算出してください。）　　　　金＿＿＿＿＿＿＿＿＿＿円
　　　　　　　　　　　　　　　　総額は，金＿＿＿＿＿＿＿＿＿＿円
　　※②に保険は入れないでください。

2　報告対象期間の収支

　｛□就職の日　／　□平成　年　月　日｝ から ｛□終了の日　／　□平成　年　月　日｝ までの

　本人の収支は＿＿＿＿＿＿＿＿＿＿円の（□黒字・□赤字）である。

3　付加報酬について
　□　求めない。
　□　後見人等が本人のために特に行った次の行為について付加報酬を求める。
　□　監督人が，□本人を代表した　又は　□同意した　次の行為について付加報酬を求める。

　　□　① 訴訟・非訟・家事審判
　　　　　　　　　　　　（本人が得た利益）＿＿＿＿＿＿＿＿円
　　□　② 調停・訴訟外の示談
　　　　　　　　　　　　（本人が得た利益）＿＿＿＿＿＿＿＿円
　　□　③ 遺産分割協議
　　　　　　　　　　　　（本人取得額）＿＿＿＿＿＿＿＿円
　　□　④ 保険金請求
　　　　　　　　　　　　（本人取得額）＿＿＿＿＿＿＿＿円
　　□　⑤ 不動産の処分・管理
　　　　（売却代金入金額・対象期間の管理賃料額）＿＿＿＿＿＿＿＿円
　　□　⑥ その他（　　　　　　　　　　　）
　　　　　　□　詳細は別紙のとおり
　　※①から⑥の行為を行い，付加報酬を求める場合は，資料を添付してください。

後見人の報酬は後払いなので，就任後1年して報酬付与決定が出るまでどのくらいの額になるか分かりません。いくらかかるか分からないということでは，本人が不安になることもありますので，東京家庭裁判所が公表している報酬額の目安を見てください。

平成２５年１月１日

成年後見人等の報酬額のめやす

東 京 家 庭 裁 判 所
東京家庭裁判所立川支部

1　報酬の性質

　　家庭裁判所は，後見人及び被後見人の資力その他の事情によって，被後見人の財産の中から，相当な報酬を後見人に与えることができるものとされています（民法８６２条）。成年後見監督人，保佐人，保佐監督人，補助人，補助監督人及び任意後見監督人についても，同様です。

　　成年後見人等に対する報酬は，申立てがあったときに審判で決定されます。報酬額の基準は法律で決まっているわけではありませんので，裁判官が，対象期間中の後見等の事務内容（財産管理及び身上監護），成年後見人等が管理する被後見人等の財産の内容等を総合考慮して，裁量により，各事案における適正妥当な金額を算定し，審判をしています。

　　専門職が成年後見人等に選任された場合について，これまでの審判例等，実務の算定実例を踏まえた標準的な報酬額のめやすは次のとおりです。

　　なお，親族の成年後見人等は，親族であることから申立てがないことが多いのですが，申立てがあった場合は，これを参考に事案に応じて減額されることがあります。

2　基本報酬

（1）成年後見人

　　成年後見人が，通常の後見事務を行った場合の報酬（これを「基本報酬」と呼びます。）のめやすとなる額は，月額２万円です。

　　ただし，管理財産額（預貯金及び有価証券等の流動資産の合計額）が高額な場合には，財産管理事務が複雑，困難になる場合が多いので，管理財産額が１０００万円を超え５０００万円以下の場合には基本報酬額を月額３万円～４万円，管理財産額が５０００万円を超える場合には基本報酬額を月額５万円～６万円とします。

　　なお，保佐人，補助人も同様です。

（2）成年後見監督人

　　成年後見監督人が，通常の後見監督事務を行った場合の報酬（基本報酬）のめやすとなる額は，管理財産額が５０００万円以下の場合には月額１万円～２万円，管理財産額が５０００万円を超える場合には月額２万５０００円～３万円とします。

　　なお，保佐監督人，補助監督人，任意後見監督人も同様です。

3　付加報酬

　　成年後見人等の後見等事務において，身上監護等に特別困難な事情があった場合には，上記基本報酬額の５０パーセントの範囲内で相当額の報酬を付加するものとします。

　　また，成年後見人等が，例えば，報酬付与申立事情説明書に記載されているような特別の行為をした場合には，相当額の報酬を付加することがあります（これらを「付加報酬」と呼びます。）。

4　複数成年後見人等

　　成年後見人等が複数の場合には，上記２及び３の報酬額を，分掌事務の内容に応じて，適宜の割合で按分します。

以上

第6章　後見人等がすべきこと

　他の地域では別の目安があるかもしれませんが，東京ではこの目安どおりの報酬になっています。金額を見てどう思われましたか？

やっぱりお金がないと利用できないんちゃう？

野菜食べて節約しようかな…

　後見等は，お金のない人も利用しています。生活保護の人も利用しています。報酬はどこからねん出しているのか？　本人の財産からもらう余地がないときには，成年後見制度利用支援事業（市区町村からの報酬助成）や，民事法律扶助，リーガルサポートの呼びかけで司法書士などが出資して設定した公益信託成年後見助成基金などを利用して，申立費用や後見人の報酬を助成を受ける仕組みがあります。お金がないからという理由で，利用を諦めたりせずに活用してください。

第7章
後見人等が直面する問題

　後見人等をするということは，本人の人生の決断をお手伝いしたり，本人がしっかりしていたらすべきことを，代わりにすることです。手続き上で注意しなくてはならない，本人のマイホームを処分するときや，本人と利害が対立するときのことのほか，身元保証人になることを求められたときの対応，医療行為への同意を求められたときの対応，本人死亡後はどうすべきかについて，説明します。

7.1　不動産を処分するには

　老人ホームの入居金や生活費を賄うためや，老人ホームに入居後自宅に戻り生活することが難しい場合に，本人の自宅を賃貸したり，売却することがあります。賃貸に出した場合には，賃貸後の更新手続きや賃貸終了後，新しく入居者を募集する前のリフォーム手続きや賃貸中の建物に不具合があったときの対応をする必要もあります。

　これらの手続のうち，**本人の自宅であった不動産を売却や賃貸をする場合には，家庭裁判所の許可が必要になります**。自宅は本人にとって単に財産である以上の価値と意味があること，居住環境の変化が心身や生活に与える影響が大きいため慎重に検討する必要があるためです。民法では，家庭裁判所の許可なく売買等をした場合には，無効となると規定されています。

（成年被後見人の居住用不動産の処分についての許可）
第859条の3　成年後見人は，成年被後見人に代わって，その居住の用に供する建物又はその敷地について，売却，賃貸，賃貸借の解除又は抵当権の設定その他これらに準ずる処分をするには，家庭裁判所の許可を得なければならない。

1　家庭裁判所の許可はいる？　いらない？

　どういうことが「居住の用に供する」なのか，許可が必要な「処分」にはどのようなものがあるのか，を具体例で検討してみましょう。

①　建物を取り壊して更地になっている土地を担保にお金を借りたい。

　　🐾　過去や未来に本人の居住可能性があるので，許可が必要です。土地を担保にする，つまり土地に抵当権や根抵当権を設定することも許可が必要な行為に該当します。

第7章　後見人等が直面する問題

② 将来住む予定で家を購入したが，引越前に事故に遭いこん睡状態が続いている。目覚める可能性がないので，その家を売って入院費にあてたい。
　🐾　一度も居住をしていないので，「居住の用に供する」という要件には該当せず，許可が不要な可能性があります。
③ 横浜の家に10年住み，その後は転勤が続いて数度住所が変わり，今は千葉に住んでいる。横浜の家は賃貸にしていたが，その横浜の家を売りたい。
　🐾　現在居住をしている場所が別途あるため，②と同じく「居住の用に供する」という要件には該当せず，許可が不要な可能性があります。
④ 別荘を売却したい。
　🐾　「居住の用に供する」不動産ではないので，別荘や賃貸している収益物件を売却するときには許可は不要です。
⑤ 公団を借りていたが，老人ホームに移るので賃貸契約を解除したい。
　🐾　賃貸物件を退去するとなると，家財の処分や引越の手配が必要で慌ただしく，つい忘れがちですが，**自宅の賃貸契約を解除するには，家庭裁判所の許可が必要**となります。不動産の処分というと，本人所有の不動産を動かすときというイメージがありますが，そうではないことに注意が必要です。
⑥ 自宅から老人ホームに引越をしていて，住民票も老人ホームに移している。空き家にしていると家が傷むので，親戚に貸したい。
　🐾　現在はそこに住んでいず住民票も移動していても，過去に生活の本拠として実体のあった場所なので，本人の「居住の用に供する」不動産に該当します。その不動産を貸す場合なので，許可が必要になります。
⑦ 民間のアパートを借りて住みたい。
　🐾　自分の不動産を他人に貸すときには許可が必要ですが，他人の不動産を自宅として借りるときには許可は不要です。
⑧ 本人の自宅があった敷地に，息子が2世帯住宅を建て本人と同居をしたい。
　🐾　本人の敷地を息子が無料で借りて建物を建てることは，本人が息子

117

に敷地を使用貸借契約により貸していることになります。これは条文中の「これに準ずる行為」に該当するため，たとえ本人と同居することが目的であっても許可が必要となります。
⑨　自宅から老人ホームに引っ越している。築年数の古い自宅は無人のため手入れも行き届かず，一部が崩壊する恐れがあるので解体したい。
　🐾　取壊しを業者に依頼する契約をする場合には，許可が必要になります。

許可が必要かどうか迷ったときは，後見監督人がいればその方に，いない場合には家庭裁判所に，事前に相談をしてみてください。

　後見監督人がいるときに，後見人が本人を代理して居宅用の不動産を処分するには，家庭裁判所の許可のほかに後見監督人の同意が必要となり，同意を得ずにしたときは，後見監督人がその行為を取り消すことができる不安定な取引となってしまいます。

【実例紹介：高すぎる道路】

　③と似ている事例ですが，実家があった場所に単身用アパートを建て，本人も数年そこに住んだ後，仕事の都合で引っ越して別の市の公団で一人暮らしをしていた人がいました。本人の認知症が進行し，火事の危険，徘徊後に家に戻れない危険などがあったため，老人ホームへ入居することになりました。ちょうど同時期に，アパートを20年ほど借りていた方が退去したので部屋の中に入りましたが，床はべこべこ，壁にはカビ……。リフォームするには数百万円かかるという見積りが届きましたが，そんな多額の貯金はなく，また，リフォームをしてその部屋だけ綺麗にしても，建物自体が築40年位と古いものでしたので，今後の修繕費用がかさむことは目に見えていました。

　これらを考慮のうえ，アパートを売却することにしました。本来でしたら家庭裁判所の許可は不要なケースですが，本人は賃貸物件に住んでいたせいか，本当の自分の家は実家のあった場所に建っているそのアパートという認識であったことと，もう１つ厄介な事情があったため，許可審判を得て売買をしま

した。

　もう1つの厄介な事情というのは，道路の問題でした。そのアパートは袋地（公道に接していない土地）に面していて，公道に出るには私有地を通らなければなりません。ところが，本人は，その私有地の共有持分を持っていませんでした。元々そのアパートは親族の所有でしたが，借金を清算するためＡ社に売却したものを，本人がその会社から買い戻して取得したのですが，その際，「袋地の共有者に別の親族がいるから，道路持分なんていらない。その分値下げしろ。」と，なんとも大胆な交渉をして買ったそうです。

　本人はそれでよくても，第三者に売る場合にはそうはいきませんので，Ａ社から道路を買い戻す必要がありました。Ａ社に連絡をしたところ，その道路持分の代金としては市場価格に比べ，かなり高額な金額を請求されました。本人の勢いに負けて値下げをした分の金額とのことで，まけてもらえませんでした。

　自宅（今回の対象は，道路持分のみ）を購入することについての許可は不要ですが，大きな金額を動かした後で家庭裁判所に報告し，それは不当な対応だったと指摘されては大変ですので，このような事情で市場価格よりかなり高額で道路持分を購入して，数十年前に住んでいたアパートを売ることの許可の審判を得たうえで取引をしました。

　不動産が絡むときは，大きなお金が動くことが多いので，迷ったときは，家庭裁判所の許可を得て売買や賃貸などをしたほうが安心です。家庭裁判所としても，後見人等が独断で行動するよりも，事前に相談してくれたほうが，その時点でアドバイスできるので助かるようです。

2　どのように許可を得るのか

　たとえば，本人の自宅を売却して有料老人ホームに入居する場合は，どのように手続きを進めるのでしょうか。

　まず検討することは，売却する必要があるか否かです。自宅は本人の思い入れが深いため，管理が面倒だから，空き家でもったいないからといった理由で

は許可は得られません。売却代金を生活費に充てる必要があるときや，そのままにしておくと倒壊危険があるときなど，それ相応の**理由が必要**となります。

本人と会話が成り立つ場合には，**本人の意向も重要**です。売却が必要なのに本人が拒否する場合には，賃貸に出して生活費を賄うことなど売却以外の方法も検討しましょう。

対象不動産に本人が住んでいる場合には，売買後の引越先も探す必要があります。

以上を検討しても，なお売却する必要があるときは，まず不動産業者に査定の依頼をして，いくらくらいで売れそうなのかの把握をしましょう。この査定書は，家庭裁判所に売却許可の申立てをする際に，売買価格の相当性を証明するものとして必要になります。

次に，売却の依頼を仲介業者（不動産屋）に依頼をしましょう。購入希望者が現れたら，売買契約をしますが，**「本物件の売買は，家庭裁判所の許可が得られた時に効力を生じる。」**旨を特約事項として入れておきましょう。この契約時に手付金を通常受領します。査定書と売買契約書などをつけて，家庭裁判所に居住用不動産処分許可申立をします。1～2か月ほど後に許可決定の審判が出たら，残代金の受領と引き換えに所有権を買主へ移転する登記手続きを司法書士へ依頼してします。

7.2 身元保証人になることを求められたら

本人が老人ホームに入居する際に，身元保証人になることを求められるときがあります。身元保証人に求められていることは，次の3つです。

① 施設費用の支払いについての保証
② 介護等に関する決定
③ 本人死亡時の遺体の引き取り

身元保証人になると，老人ホーム費用が不足したときに後見人等が自腹を切って支出することを求められてしまいます。

後見人等は，身元保証人になる義務はありません。老人ホーム側に，費用支払いについては本人の財産から賄うこと，本人死亡時は相続人がいればその人が，身寄りがない場合は後見人等の側で葬儀，埋葬をするので，身元保証人がいなくとも大丈夫であることを説明して理解を得ましょう。最近では，原則として身元引受人をつけることが必要ですが，後見人等が付いている場合には身元引受人がいなくてもよい，という扱いをしている施設が増えています。

7.3　遺産分割をするには

後見等申立ての動機として5位にランクしていたのが，相続手続きです（24ページ）。ある人が亡くなったとき，その人の財産は誰に行くのかというと，遺言書があればその内容に従います。遺言書がなければ，亡くなった方の法定相続人の中で誰が何を相続するのかという話し合いをします。この話し合いのことを，「遺産分割協議」といいます。

この遺産分割協議をするには，判断能力がしっかりあることが必要ですが，もしそうではない人がいる場合には，後見等の申立てが必要になります。しかし，それだけでは終わらない場合もあります。

たとえば，両親と子供二人の家庭で，お父さんが亡くなった場合で，お母さんが認知症のときには，お母さんについて後見の申立てをする必要があります。兄と弟が話し合い，兄がお母さんの後見人候補者として申立てをし，家庭裁判所もそれを相当としたので，兄が後見人となりました。でも，いざ遺産分割協議をしようというときに，問題が……。

遺産分割の当事者

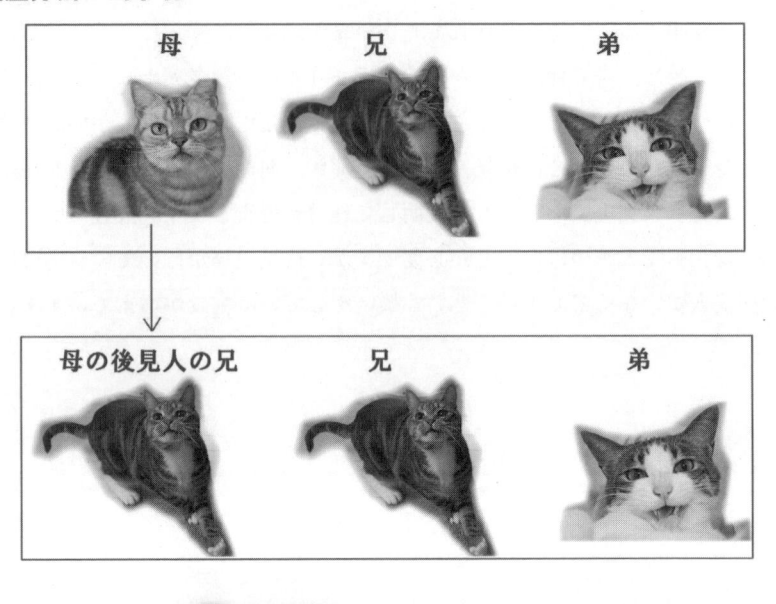

| 母 | 兄 | 弟 |

↓

| 母の後見人の兄 | 兄 | 弟 |

ちょっと〜

「兄」が自分に有利な話合いをしたら、あたいが不利になるやん。
そんなん、嫌やわ〜。

　兄が自分固有の立場と，お母さんの代理人（後見人）としての立場の両方で参加することは，利益が相反する行為になるためにできません。では，どうするのかというと，後見監督人がいる場合にはその人，後見監督人がいない場合には遺産分割協議をお母様に代わってしてもらうための特別代理人を，家庭裁判所に選任してもらう申立てをします。
　特別代理人については資格制限はないので，知り合いや法定相続人以外の親

族を特別代理人候補者とすることもできます。家庭裁判所がその人が相当と認めれば，特別代理人として選任する審判を出します。不相当な場合や候補者がいない場合には，家庭裁判所が適宜の人（主に弁護士）を選任します。

7.4　入退院手続き

　本人が体調を崩し，入院が必要になった際は入院手続きをします。病院によっては，入院保証金が必要になることもあるので納めます。入院後，本人の状態について医師からの説明を受け，手術が必要な場合には手術の同意書，輸血の同意書の記入を求められることもあります。医療行為への同意については悩ましいことも多いため，次項で詳しく説明します。

　医療費が高額になった場合には，後から申請することにより，自己負担限度額を超えた額が払い戻される高額療養費制度があります。後から戻ってくるとはいえ，高額の支払いは負担になります。**70歳未満の方**は，**限度額適用認定証**を役所で取得しておきましょう。こちらの提示により，窓口での支払いが自己負担限度額までとなります。なお，**70歳以上の方**については，**高齢受給者証**があれば自動的に自己負担限度額までになりますので，申請は不要です。

　特別養護老人ホームに入所している場合は，目安として入院期間が3か月以上になる場合には退所を促されることもありますので，その際は退院後の行き先を探す必要があります。また，病院でも医療行為の必要がなくなり入院が長期になってくると，退院もしくは転院を促されますので，次の病院を探す必要があります。民間の会社が経営している有料老人ホームの場合は，入院期間が長くなっても戻る場所を失う心配はありませんが，入院中も毎月の家賃分相当の費用負担があります。入院費と老人ホーム月額費用の両方がかかるため，老人ホームに戻れる可能性がない場合には，解約を検討しましょう。

　特別養護老人ホームであれ，民間の有料老人ホームであれ，退院後に継続的

な医療措置が必要になり，施設側でその対応ができない場合には退院後にどこに行くのかを検討する必要があります。よくある事例は，胃ろうです。胃ろうというのは，口から食事がとれなくなった方や，むせ込んでしまいがちで肺炎を起こしやすい方に，胃に直接栄養を入れる方法です。手術でおなかに穴をあけ，栄養を入れるためのカテーテルを取り付けます。

こほっ
こほっ

むせるとなんで
肺炎になるんや？

口のばい菌が食道ではなく気管に入ると，肺炎を引き起こしてしまうんです。

　胃ろうの方へ栄養剤を投与することは，以前は看護師のみができましたが，人員配置の関係上，それではとても対応しきれないという現場からの要請があり，平成24年4月からは研修を受けた介護福祉士もできるようになりました。それによって，以前よりは受け入れの余地が広がってはいますが，普通に自分で食事ができる人に比べて，手間がかかることに変わりはありません。そのため，施設側としては，胃ろうの人を受け入れられる人数を制限せざるを得ないようです。

7.5　医療行為への同意，医療方針宣言公正証書作成のお勧め

　後見人等をしていて一番困る事，そして現在その取扱いについて問題視され，今後どうするか検討されているのが，医療行為への同意です。市民後見人の方は，親族のトラブルや近隣住民とのトラブルなどがない比較的問題の少ない事案を担当することが多いのですが，体調の変化は誰にでも訪れるため，医療行為の同意で悩むときがあると思います。実は，後見人等には，**医療について同意する権限がありません**。

　人を傷つけると刑事罰の対象となりますが，医者がメスで手術をしても刑罰に問われないのは，刑法で次のように規定されているからです。

（正当行為）
第35条　法令又は正当な業務による行為は，罰しない。

　正当な業務であれば，違法性がないので刑罰の対象とはなりません。正当な業務と認められるためには，原則として次の3つの条件を満たしていることが必要です。
① 治療を目的としていること
② 承認された方法で行われていること（例外，先端医療）
③ 本人の承諾があること
　問題となっているのは，**本人の承諾**です。
　手術の前には，同意書にサインを求められます。ただし，本人が弱っていてサインができない場合には，親族が代わりにサインすることもあります。

手術してもいいよと許可する権利は本人にしかないけれど、便宜上親族の同意を求めるのが慣行になっているよね。

まぁ、医者側の気持ちは分からんでもないけどね。

　医療の現場では本人もしくは親族のサインが求められるため，親族が後見人等になっている場合にはこの問題は表面化しないのですが，親族以外の第三者が後見人等になっている場合には，たとえばインフルエンザの予防接種についてすら承諾をする権限はありませんので，対応に苦慮することがあります。後見人等がいるならば，その人に同意を得ておきたいという医師側の気持ちもあります。同意をする権限はないものの，本人の症状やどのような治療が必要か，そして手術後どのような介護が必要になる見通しなのかという情報は，本人が安心して暮らせる状況をつくる役割がある後見人等としてはありがたく，助かっています。

　「後見人等には，医療行為への同意権がないので，サインできません。」というのは正論なのですが，医師に「同意がなければ，手術できません。」と医療拒否をされてしまったら，本人のためになりません。では，実際にはどうしているか。人それぞれの方法があるとは思いますが，私は，次のようにしています。

　①　親族がいればその方を交えて医師から説明を聞き，親族に同意書を記入

してもらう。

② 親族がいないときは，ケアマネジャー，入居施設のスタッフ，ヘルパーなど本人をよく知る方と共に医師から説明を聞き，皆で検討したうえで手術をすることになれば，同意書に「同意権限がないため同意できませんが，医師の最善の判断に従います。」と記載してサインをしています。

医師からの説明は，本人の負担にならず，本人が理解を少しでもできるようでしたら本人にも同席してもらっています。親族による決定も，後見人等による決定も，医師による決定も第三者による決定であることには変わりはありません。医療に関する本人の意思が分からない場合には，本人をよく知る人が，本人がしっかりしていたらこう判断するだろうと推定し，客観的にその医療が必要かどうかを検討して決断をしているのが現状です。

後見人等に医療行為についての同意権を与える法改正をすればよいのかというと，そうでもない気がしています。そこまで重い責任を後見人等に負わせるのは酷です。どのような病気か，病気の経過はどうなのか，治療の選択肢には何があるのか，それぞれのメリットデメリット，治療の効果と副作用，手術の説明，身体の一部を喪失すること，医療行為後の生活の質の変化，経済負担などをできるだけ本人に理解してもらい決定してもらう。それができない場合は，関係者の協議で，できるだけ本人の意思を推定して決定する手続きをとることを義務化する法整備が進み，安心して治療を受けられるようになることを願っています。

それと同時に，できるだけ多くの方が，自分の医療に関してどのような希望を持っているのかを書面に残す動きが広がるよう願っています。自分の治療方針について家族に話しておくだけでも，いざというときの指針として役立ちますが，より詳しく，そして医療関係者に本人の希望はこうですよと示せるように，**医療行為，延命治療についての方針を公正証書で作成することをお勧めします**。公正証書というのは，公証人が作成する公文書です。本人が自分の意思で作成したことが明らかにできるので，普通の紙に書いてサインをしてあるだけの私文書よりも有効です。

自分の持病から予測できる事態は別として，どんな医療が将来必要になるかは分からないため，全ての状況に適応できるような書面にするのは難しいですが，治療方針を明らかにしておくだけでも，自分の意思を推定してもらいやすくなります。医療現場で，必ずこの書面に従わなければならないと法律で義務化されてはいませんが，患者の自己決定権は最大限尊重されますので，作成する意味はあります。

　一例として，ひな形を載せておきます。自分の持病や希望に応じて適宜変更してください。

医療方針宣言公正証書

　本公証人は，医療方針宣言者〇〇〇〇の嘱託により，平成〇〇年〇月〇日，その陳述内容が嘱託人の真意であることを確認の上，宣言に関する陳述の趣旨を録取し，この証書を作成する。

（趣　旨）

　第1条　私〇〇〇〇は，将来，認知症やこん睡状態などになり自分の意思を表明できない場合に備え，自分の医療方針の希望を明らかにするとともに，私の家族及び私の医療に携わっている方々に以下の要望を宣言します。

（病歴など）注1

　第2条　私の主な病歴，アレルギー，副作用は次のとおりです。

　　1，主な病歴と年齢：高血圧（73歳から）

　　2，アレルギー：花粉症，卵

　　3，副作用が出た薬や注射：〇〇〇

　　4，輸血を受けたこと：なし

（投薬について）注1

　第3条　薬についての希望は次のとおりです。

　　1，粉薬：オブラートに包めば可

　　2，注射と薬を選択できる場合：薬を希望します

　　　　3．ジェネリック医薬品の希望：希望します
（治療方法について）注2
　第4条　治療方法についての希望は次のとおりです。
　　1．最優先事項：寿命を延ばすことよりも苦痛を和らげることを優先してください。
　　2．治療のため体の一部を失う必要がある場合の対応：例えば元々車椅子生活で，片足を切断する必要があるとき，2つある臓器の片方を切除するときなど，手術後の生活にさほど支障が出ないときもしくはがん治療のために必要なとき，切除しないと苦痛が続くときは切除してください。
　　3．効果が高いけれど副作用がひどい薬より，効果はおちるけれど副作用が少ない薬を使用してください。
　　4．輸血：輸血，血漿分画製剤の使用に伴うリスク，副作用，感染症が生じる可能性があること及び輸血をしない場合の危険性を理解し，承知したうえで，輸血，血漿分画製剤の使用を受けることに同意します。これに伴う必要な検査を受けること，また，合併症や副作用が生じたときにはそれに対する処置，治療を受けることに関しても同意します。選択できる製品の希望については特にありません。
　　5．胃ろう：目安として2年以内に口から栄養をとることができる見込みがあるときに，それまでの一時的措置として胃ろうをつくることには同意しますが，延命のための永続的な胃ろうは拒否します。そのために死亡時期が早まってもかまいません。介護する方には負担をかけますが，よろしくお願いします。
（病名の告知）
　第5条　病名及び余命の告知を望みます。
（尊厳死）注3
　第6条　私の傷病が，現在の医学では不治であり，かつ，死期が迫っていると担当医を含む2名以上の医師により診断された場合には，ただ

死期を延ばすためだけの延命措置は一切行わないでください。ただし，私の苦痛を緩和する処置は最大限実施してください。麻薬などの副作用により死亡時期が早まったとしてもかまいません。医師も家族も私の意思に従い，私が人間として尊厳を保った安らかな死を迎えることができるよう御配慮ください。

（家族の同意）注4

第7条　この証書の作成に当たっては，あらかじめ私の家族である妻○○（昭和　年　月　日生），長男○○（昭和　年　月　日生）の了解を得ています。

（警察，検察の関係者の方へ）

第8条　私のこの宣言による要望を果してくださる方々に，深く感謝申し上げるとともに，その方々が私の要望に従ってされた行為の一切の責任は，私自身にあります。警察，検察の方々に，私の家族や医師が私の意思に沿った行動を執ったことにより，これら方々に対する犯罪捜査や訴追の対象とすることのないよう心よりお願いします。

（撤回について）

第9条　この宣言は，公証人の面前で私の精神が健全な状態にあるときにしたものです。したがって，私の精神が健全な状態にあるときに私自身が書面で撤回しない限り，その効力を持続するものであることを明らかにしておきます。

　　　　　　　　　本旨外要件
東京都○○四丁目3番2号
　　宣言者　　○○○○
　　　　　　昭和　　年　　月　　日生

第6〜9条については，日本公証人連合会ホームページ（http://www.koshonin.gr.jp/ji.html）に記載の文章を参考にしました。

第7章　後見人等が直面する問題

注1　病歴，投薬について
　　　医療を受けるときに聞かれることが多い事項を記載しています。これ以外でも治療を受けるうえで医師に知っておいて欲しい事項があれば，追記してください。
注2　治療方法
　　　痛み緩和を最優先にした文章です。希望に応じて変更してください。自分の持病から予想される医療行為があれば，それについての希望も記載してください。
注3　尊厳死
　　　延命治療をしないこと，中止することが認められるのは，一定の要件をクリアーした限られた場合のみです。植物状態になっただけでは，その状態が長く続いたとしても，延命治療をせずに尊厳死を認めるのは，現時点では問題が多いと考えられています。
注4　家族の同意
　　　この文章はなくても構いませんが，医療現場では本人のほか家族の同意も重要視されるため，記載しておいたほうが望ましいです。記載するしないにかかわらず，家族には自分の意向を伝え，理解しておいてもらいましょう。

　後見人等の医療行為への同意に話を戻しましょう。どのような医療に同意するのかでも，対応は異なってきます。本人が明確な医療拒絶をしておらず，その医療行為についての本人の意思が分からないので，周囲の人で協議して決めるしかないときにどうするか，後見人等が直面することの多い5つのケースに対する私の考え方を紹介します。

ケース1：インフルエンザの予防接種

　インフルエンザの予防接種をしておかないと感染してしまう恐れもあること，または本人が感染源になってしまう恐れもあることから，施設で暮らしている場合には特に予防接種を積極的に求められます。予防接種法第9条第2項で後見人に接種の努力義務を課していますので，医師が予防接種を受けても大丈夫な健康状態と判断した場合ならば，接種することに同意して構わないでしょう。

ケース2：転倒し骨折したので手術をする

　高齢者の方，特に女性の場合は骨粗しょう症の方が多く，軽く転倒しただけでも足を骨折してしまうことがあります。ベッドから誤って落ちて骨折することもあります。そのままでは痛みがひどいばかりですし，歩くことができない

ので，客観的に手術が必要な事例にあたり，手術をする決断はしやすいと思います。

　ただ，手術そのものは上手くいっても，体力の問題や認知症で意思疎通ができないためリハビリが思うように進まないこと，また，入院生活は自宅や施設での暮らしと異なりベッドで寝たきりになることのため，骨折する前のように歩くまで回復することは難しいかと思われます。退院後は車椅子の生活になる可能性が高いため，一人暮らしの方の場合は，これを機に施設へ移ることの検討が必要です。足の骨折のときだけでなく他の理由で入院しても，入院中は寝たきりの状態が多いため，退院後は車椅子の生活になることが多いように感じています。

ケース3：胃ろう

　124ページで触れた胃ろうについてです。退院後戻る施設側の受け入れが可能かどうかも重要な視点ですが，そもそも胃ろうをすべきか否かは悩ましい問題です。胃ろうをすれば，本人は安全に栄養を採ることができ，栄養状態が改善し，口から食べるリハビリも余裕をもってでき，介護する側にとっては食事介助する時間を減らせるというメリットがあります。

　一方で，本来は口から食べられるようになるまでの一時的な処置のはずだったものが，将来口から食べられる可能性はない方に安易につけられている事例もあり，自然死という考えにはそぐわないという批判もあります。

　胃ろうをして，栄養補給することで飲みこみに必要な筋肉がついて再び口から食べられるようになることもあるので，とても迷います。本人の意思が分かればそれに沿えばよいので，どんなに助かることか！　胃ろうをつくってもつくらなくても，どちらの決断をしても後悔は残ると思いますが，一人で抱えず，本人をよく知る方々と一緒に考え決断するしかありません。正直，荷が重いなぁと感じる瞬間です。

野生の動物なら、
狩りができなくなったり、

自分で食べられなくなったら
それが死ぬときやけど、人間は
医療の恩恵があるから複雑やね。

ガツ
ガツ

ケース４：癌

　ある程度意思疎通ができる本人の場合には，病名を告知するかどうかでまず迷います。治らない病気ではなくなったものの，致死率の高い病気ですので，本人に対する影響が大きく慎重な検討が必要です。90代後半の女性が体調不良で入院したところ，癌が発見されましたが，高齢のため癌の進行速度は緩やかでした。気弱な方だったこと，かなり体調が落ちていて，癌よりも寿命で亡くなるのが早い状態だったことがあり，医師，老人ホームのスタッフ，私で協議して病名は告げませんでした。

　積極的に抗がん治療をするのか，痛み緩和を優先するのか，全摘手術をするかしないかなどにつき，本人のために何が最善か検討する課題が次々に出てくるので，その都度本人をよく知る方々と一緒に考えて決断しましょう。

ケース5：看取り介護

　看取り介護とは，病院ではなく本人が慣れ親しんだ環境で，その方らしい日常生活を継続しながら人生の最後を迎えることを支援する終末期の介護です。老人ホームに本人が入居していると，入所時もしくは具合が思わしくなくなったときに，老人ホームでの看取り介護を希望するか否かの事前意思確認書や，多量の嘔吐をしたり，意識がなく声かけに反応しないような急変時にどのような延命処置（例．心肺蘇生マッサージ，電気ショック，挿管，輸血）を希望するかまたは延命処置を希望しないかの意思確認書への記入を求められることがあります。

　どうしても記載をしなくてはならない場合には，「成年後見人のため医療行為についての同意権がありませんので，医師の最善の判断に従います。」と記載しています。

7.6　本人が亡くなったら

　後見人等の仕事は，本人の暮らしを支えることなので，本人が亡くなると後見人等の権限も同時に消滅します。入院費の支払いや，老人ホーム費用の清算など本人が死亡するまでに生じた債務を清算し，家庭裁判所に前回報告時から亡くなるまでの事務報告書と報酬付与申立書を提出します。報酬付与がされたらその金額を差し引いた残りの財産を，財産目録とともに本人の相続人に渡せば終了です。……と，書くのはたやすいのですが，実際にはさまざまなケースに遭遇しますので，何パターンかに分けてご説明します。

第7章　後見人等が直面する問題

死亡後の手続きの流れ

死　亡
↓
相続人へ連絡する　→　相続人が葬儀等をする ──────────────┐
　　　　　　　　　　　↓　　　　　　　　　　　　　　　　　　　　│
相続人が葬儀をしてくれない　　　　　　　　　　　　　　　　　　　│
↓　　　　　　　　　　　　　　　　　　　　　　　　　　　　　　　│
葬儀屋に連絡し，遺体を安置する　　　　　　　　　　　　　　　　　│
　　＊　外因による死亡，その疑いがあるときは，24時間以内に警察署への届出が
　　　必要になり，監察医等が死体検案書を発行します。
　　＊　生活保護を受給していた場合は，生活保護課へ連絡。生活保護課で納骨ま
　　　でやってくれます。
↓
死亡診断書を取得する
↓
役所へ死亡届の提出，火葬許可申請をする（葬儀社がやってくれます）
↓
葬儀，火葬，埋葬をする
↓
生前の債務の弁済（入院費等）をする
↓
家庭裁判所へ本人死亡の報告（死亡診断書の写しか
戸籍謄本のコピーを送付する）・報酬付与請求をする　←──────┘
↓
法務局に成年後見終了の登記申請をする
↓
報酬を受領する
↓
相続人へ管理財産を引き渡す旨と本人の遺言の有無の確認についての連絡をする
　　＊　公正証書遺言があるかもしれない場合には，法定相続人や遺言執行人等利害関係
　　　人ならば最寄りの公証役場で遺言の有無を検索することができます。後見人等から
　　　の検索依頼はできません。
↓
相続人へ財産を引き渡す（原則，本人死亡から2か月以内に）
↓
家庭裁判所へ相続人に財産引渡しをしたことの報告をする

後見人の義務ではないが死亡後必要になる手続き
(相続人へ案内しておくとよいこと)

年金事務所への死亡届	連絡をしないと，年金が入金されてしまい，後日返金する手間が生じるため早めに連絡したほうがよいです。まずは電話をし，死亡届に必要な書類を送付してもらいます。未支給年金があればその請求をします。
国民健康保険の埋葬料の請求	国民健康保険加入者が亡くなった場合は，喪主からの請求で，埋葬料が支給されます。
高額医療・高額介護費の支給申請	未受領の高額医療・高額介護費がある場合は，役所から本人の住所宛てに送付される案内に従って書類を整え，その支給申請をします。事前に届け出をすれば，役所からの通知の送付先を自分の住所に変更することもできます。
労災保険の遺族年金，葬祭料の請求	労災で亡くなった場合には，遺族年金や埋葬料が支給されます。
生命保険金の請求	生命保険に加入していた場合は，その保険料の請求をします。住宅ローンを借りていた場合で団体信用生命保険に加入していれば，残債務が保険金で清算されゼロとなります。
雇用保険の未支給基本手当の請求	未支給の失業等給付があるときは，職業安定所で支給手続きをします。
準確定申告	所得税の申告をしていた人が亡くなった場合には，相続人は死亡を知った翌日から4か月以内に申告と納税をしなくてはなりません。
相続税の申告	相続税の申告が必要なときは，相続人は死亡を知った翌日から10か月以内に申告をしなくてはなりません。

1 相続人がいて，葬儀をしてくれる場合

日頃，本人と距離的にも心理的にも近い相続人がいる場合には，亡くなったことを連絡し，葬儀を執り行っていただきましょう。家庭裁判所の報酬付与審判が出た後になるため，目安として2〜3か月後くらいに遺産を引き渡す旨を伝えましょう。葬儀費用を本人の財産から出すことに相続人全員が合意しているので，遺産の一部を早く渡してほしい旨の要望があれば，応じてもかまいません。ただし，合意書をもらっておきましょう。

第7章　後見人等が直面する問題

① 誰に渡すか
　遺言がある場合は，遺言執行人に財産を引き渡します。
　遺言がなく，相続人が複数いて代表者に渡す場合には，注意が必要です。「なんであいつに渡したんだ。」と苦情が出ることもありますので，**他の相続人からの同意書を取得**しておきましょう。また，本人の現金が手元にある場合は，普通預金に入金して，現金ではなく通帳を渡しましょう。金額が通帳で明らかになるので，渡した・渡していないという無用の争いを避けられるメリットがあります。また，普通預金の解約には，他の相続人の協力が必要となりますので，代表者以外の相続人にとっては，現金で代表者に渡されるよりも預金に入れた状態で渡されるほうが安心です。

② ご遺体の安置
　病院で亡くなると遺体は安置室にすぐ移動され，できるだけ早く移動するよう求められます。老人ホームで亡くなったときも早くベッドを空けるよう求められます。法定相続人がいて，葬儀もその人が執り行う予定だけれど遠方のためすぐには駆けつけられず，また本人が亡くなった地域の葬儀社が分からず対応ができないときには，相続人と相談のうえ後見人等のほうで適宜の葬儀社に遺体の搬送と安置を依頼することもあります。
　初めて病院の霊安室に行ったときには，緊張しました。被後見人が病院で亡くなった連絡を受け，病室に行ったところ既に霊安室に移動していましたので，病院の地下にある霊安室に向かいました。地下に降りると妙に薄暗く，電気の切れかかった蛍光灯がピカピカしていて，頼んでもいないのに，雰囲気を盛り上げてくれます。顔は知っているとはいえ本人が重度の認知症になってから後見人になったので，会話が成立したこともなく交流は浅く，親族が来るまでその方のご遺体と病院の霊安室で二人きりなのかとドキドキしていたのですが，霊安室には先客（病院付きの葬儀社さん）がいらしたので，ホッとしました。
　葬儀は，病院が搬送業者として紹介しているその葬儀社に依頼してもいいですし，そこに依頼せず自分で選んだ葬儀社を呼び，搬送と葬儀をしてもらっても大丈夫です。

病院の指定葬儀社の場合は遺体処置並びに院内搬送が無償なため、その分葬儀費用が高くなっている場合もあるよ。

ふ〜ん。

2 相続人はいるが，葬儀をしてくれない場合

　相続人はいるけれど，交流がない，自分も高齢で体が動かない，生前のトラブルがあるなどの理由で，葬儀をあげることを拒否された場合はどうすればよいのでしょうか。

　まずは，できるだけ相続人に葬儀をしてもらうよう働きかけましょう。その後の遺産引渡しの件も含めて連絡をすると，協力してくれることもあります。生前のいきさつで，葬儀は絶対しない，でも遺産は慰謝料代わりにもらう，というケースもありましたが……。

① 後見人等が葬儀をすることもある

　どうしても葬儀をしてもらえない場合は，実務上，後見人等が葬儀をしています。確かに，本人が死亡した時点で後見人等の業務は終了しますが，人道的に「本人が亡くなり私の権限も消失したので，これにて失礼。」というわけには参りません。また，後見は民法第874条，保佐は民法第876条の5，補助は民法第876条の10で，次の委任の規定を準用していますので，遺体の安置と火葬

第7章　後見人等が直面する問題

までは**急を要する業務**として対応できると解釈できます。

> **（委任の終了後の処分）**
> 第654条　委任が終了した場合において，急迫の事情があるときは，受任者又はその相続人若しくは法定代理人は，委任者又はその相続人若しくは法定代理人が委任事務を処理することができるに至るまで，必要な処分をしなければならない。

　葬儀をどのようなものにするのかですが，あまり華美にして費用をかけすぎると，後になって相続人から無駄遣いと指摘される恐れがあります。参列者の数や，本人の財産にもよりますが，最低限の葬儀をすればよいのではないかと考えています。通夜，告別式と2日かけてするのではなく，告別式のみにするか，もしくは直葬と呼ばれている葬儀を行わずに火葬場で入棺前にお経をあげてもらう形式にしています。最近では，お身内だけで葬儀をするときも直葬スタイルが増えてきていますので，費用が抑えられる直葬でもよいかもしれません。告別式をするとき，直葬でお経を唱えてもらうときに，毎回これでよかったのかなと感じるのが，ご本人の宗派が分からないことです。意思疎通がある程度できる方の後見人等になったときは，事前に宗派を伺う機会がありますが，そうではないときで周囲の方から本人の情報を得られず，本人の持ち物からの情報もない場合には，宗派が分かりません。日本で一番信者が多い浄土真宗でお願いしていますが，本当は別の信者だったら申し訳ないことだと感じています。

② 　埋　　　葬

　火葬をすると，お骨が残ります。葬儀はできないけれどお骨は引き取ってくれるということならば，相続人へ渡すか遠方ならば送りましょう。ご遺骨の送付は，大概の宅配便では断られますが，ゆうパックならば送ることができますので，郵便局に相談してみてください。

　ご遺骨の引取りも拒否されてしまったときは，埋葬の問題が生じます。

埋葬にまでなると
「急を要する業務」
とは言えんね。

えべっ

そうなんだよね…

　埋葬にまでなってしまうと，それをすることの法的根拠が怪しくなりますが，どうにかしなくてはならないので仕方ありません。いくつかの選択肢があります。

- お骨を預ける……相続人の間で受取人が紛糾していてまとまらないときは，霊園や寺院にお骨を預けます。
- 納　　骨……本人のお墓があるときには，そこに埋葬します。相続人が祭祀を承継する意思がないときは，永代供養をしてもらいます。
- 永代供養……生前の付き合いのない方の永代供養を引き受けてくれる霊園や寺院を探し，永代供養をします。永代供養にもタイプがあり，安いプランはすぐに他のご遺骨と合祀されてしまいます。後日，万が一にも相続人がお骨を引き取りたいと申し出たときに対応できるよう，少し高くても，ある程度の年数は骨壺で埋葬するプランを選んでいます。埋葬後は相続人に，どこに埋葬したか，そして何年経つと合祀されるかをお知らせしています。

○　散　　骨……後日，ご遺骨の引取り希望があったときに対応できないので，本人の書面による明確な意思がない限りしていません。

3　相続人がいない場合

　本人の遺言がなく，相続人がいないとき，または相続人がいたけれど全員が家庭裁判所で相続放棄手続をしたので結果として相続人がいなくなったときは，誰に財産を引き渡せばよいのでしょうか？

　引き渡す人がいないと困るので，相続財産管理人を選任してくださいという申立てを，本人の最後の住所地を管轄する家庭裁判所にします。

　家庭裁判所が相続財産を管理するのに適任と認めた人を選び，その旨を官報という政府の発行する新聞に公告して知らせます。

【相続人がいない場合の手続きの流れ】

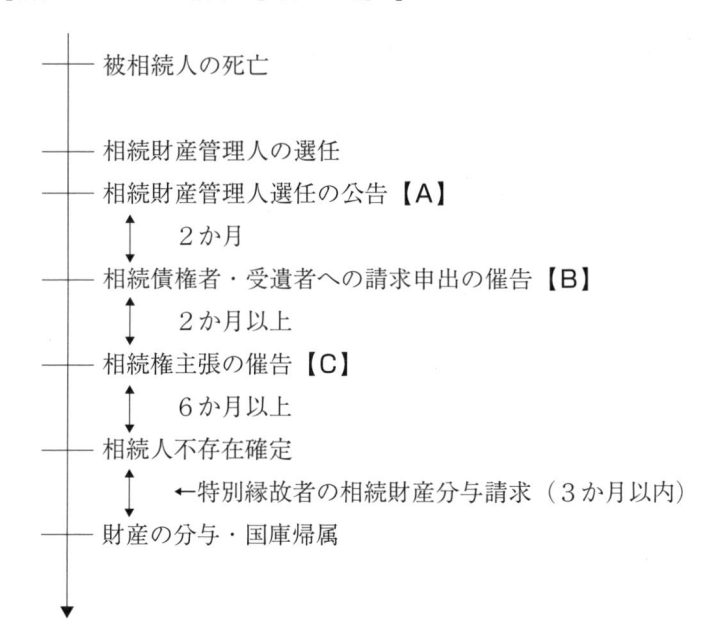

```
│
├── 被相続人の死亡
│
├── 相続財産管理人の選任
├── 相続財産管理人選任の公告【A】
│       ↕ 2か月
├── 相続債権者・受遺者への請求申出の催告【B】
│       ↕ 2か月以上
├── 相続権主張の催告【C】
│       ↕ 6か月以上
├── 相続人不存在確定
│       ←特別縁故者の相続財産分与請求（3か月以内）
├── 財産の分与・国庫帰属
↓
```

広告やのうて、
公告なんや。
公に知らせるんやね。

その割に目に触れにくく馴染みがないかもね。
ちなみに、インターネットでも見れるよ。

法律や政令の交付、叙勲、会社の決算公告等
が掲載されています。

【A　相続財産管理人の選任の公告】

相続財産管理人の選任

次の被相続人について，相続人のあることが明らかでないので，その相続財産の管理人を次のとおり選任した。

平成26年（家）第〇〇〇号

東京都〇〇区〇〇一丁目2番3号

申立人　〇〇〇〇

本籍　横浜市〇〇区〇〇四丁目5番地，最後の住所　横浜市〇〇区〇〇四丁目5番6号，死亡の場所　千葉県〇〇市，死亡年月日　平成26年〇月〇日，出生の場所　横浜市〇〇区，出生年月日昭和〇年〇月〇日，職業無職

被相続人　亡　〇〇〇〇

東京都〇〇区〇〇七丁目8番9号

相続財産管理人　花沢花子

東京家庭裁判所

第7章 後見人等が直面する問題

選任された相続財産管理人に，本人の財産を引き渡せば終了です。
ところで，引き渡した財産は，その後どうなるのでしょうか？
Aの公告から2か月経過した後に，相続財産管理人は，相続財産の債権者や受遺者がいるかどうかの確認するための公告をします。

【B　相続債権者・受贈者への催告】

相続債権者受贈者への請求申出の催告

本籍　横浜市〇〇区〇〇四丁目5番地，最後の住所　横浜市〇〇区〇〇
　四丁目5番6号

被相続人　亡　〇〇〇〇

右被相続人の相続人のあることが不明なので，一切の相続債権者及び受遺者は，本公告掲載の翌日から二箇月以内に請求の申し出をして下さい。右期間内にお申し出がないときは弁済から除斥します。

平成26年〇月〇日

東京都〇〇区〇〇七丁目8番9号

相続財産管理人　花沢花子

Bの公告から2か月経過した後に家庭裁判所は，相続財産管理人の申立てにより6か月以上の期間内に相続人がいたら申し出てくださいという公告をします。

【C 相続権主張の催告】

相続権主張の催告

　次の被相続人の相続財産に対し相続権を主張する者は，催告期間満了の日までに当裁判所に申し出てください。

　平成26年（家）第○○○号

　東京都○○区○○七丁目8番9号

　申立人　相続財産管理人　花沢花子

　本籍　横浜市○○区○○四丁目5番地，最後の住所　横浜市○○区○○四丁目5番6号，死亡の場所　千葉県○○市，死亡年月日　平成26年○月○日，出生の場所　横浜市○○区，出生年月日昭和○年○月○日，職業無職

　被相続人　亡　○○○○

　催告期間満了日　平成27年○月○日

　　　　　　　　　　　　　　　　　　　　　東京家庭裁判所

　この催告期間満了日までに相続人が現れなければ，相続人がいないことが確定します。

　相続人ではないけれども次に該当する方は，Cの公告に記載された催告期間が満了した後3か月以内に特別縁故者に対する相続財産分与の請求ができます。

　○　本人と生計を同じくしていた人
　○　本人の療養看護をした人
　○　その他本人と特別の縁故があった人

　内縁の妻や，一人っ子の夫死亡後も義母の介護をした妻，後妻と養子縁組をしていなかった先妻の子が考えられます。

第7章 後見人等が直面する問題

該当する人がいるときは、
遺言で遺産を渡せるように
しておいたほうが親切だね。

ほんまや。
遺言がないと面倒で
時間のかかる手続きせなあかん。

たまらんわー

　遺産の総額から，特別縁故者へ財産分与しなさいという審判があれば分与します。相続財産管理人の報酬（申立てにより家庭裁判所が決定します）を引いてもまだ残っている場合は，遺産はどこに行くのでしょうか？

　答えは，国庫です。少子高齢化が進み，相続人がいないケースが増えてくると，国庫に納付される遺産が増加するかもしれませんね。

　なお，手続きの途中で相続財産がなくなった場合は，そこで手続きは終了します。死亡時の本人の財産が40万円ほどで，葬儀埋葬費用を引くとちょうど後見人の報酬に相当するくらいの額だったときに，家庭裁判所が端数まで残額ぴったりの報酬にしてくれたので財産がゼロになり，手続きをとらずに済んだという話を聞いたこともあります。

第8章
後見人等が注意すべきこと

　後見人等は本人の財産を預かっているだけなので，それを借りたり使ったりしてはいけません。後見人等の不正な行為や著しい不行跡があったときは，家庭裁判所に解任されることもあります。

8.1　本人の財産を借りる，使い込む

　後見人等は，本人の財産を預かっているだけなので，それを借りたり使ってはいけません。後見人等の不正な行為や著しい不行跡があったときは，家庭裁判所に**解任**されることもあります。後見人等の不正な行為により本人に損害を与えた場合には，その**損害を賠償**する民事上の責任を負うとともに，**背任罪**，**業務上横領罪**等の刑事上の責任を追及されることもあります。

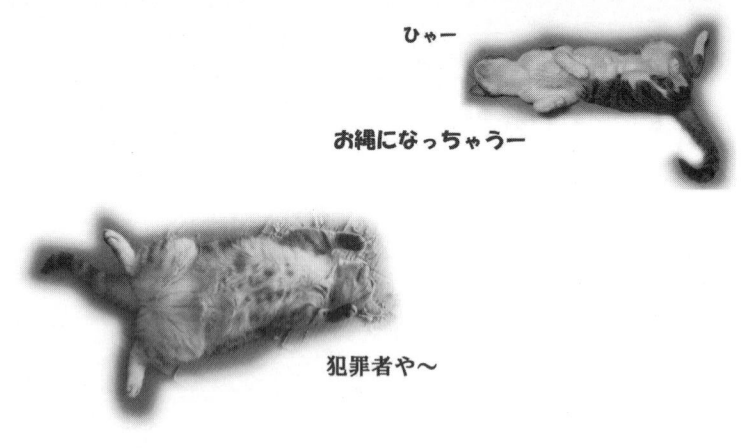

ひゃー
お縄になっちゃうー

犯罪者や〜

　Q＆Aで，見ていきましょう。

Q　母と私（長女）の二人暮らしで，私が母の後見人になりました。母の介護のため仕事を辞め，私のアルバイト代と母の年金で暮らしていますが，母の年金を私の生活費として使ってはいけないでしょうか？

A　生計を共にしている親族が後見人等になるときは，本人の財産と自分の財産が交ざりがちです。お母様の財産と自分の財産をきちんと分けて管理する必要があります。お母様に請求できる金額としては，介護費用と扶養義務による費用の2種類があります。

　介護費用については，自分で勝手に月額いくらと決めて，経費としてお

第8章　後見人等が注意すべきこと

母様の財産からもらってはいけません。報酬付与請求のときに介護をした事情を記載し，家庭裁判所が報酬付与審判をした額の中から介護費用として受領してください。

　報酬付与は1年間仕事をした後に支払われるため，それでは日々の生活がままならず，お母様の年金がないと自分の収入だけでは暮らせないときは，お母様には扶養義務がありますので（直系血族と兄弟姉妹は相互に扶養義務があります），その範囲で受領することはできます。ただし，事前に必ず家庭裁判所に受領してよいか，その金額はいくらくらいが相当かを相談してください。

　なお，このケースで専門家が後見人等になっているときは，長女から介護費用の請求があったときは，民間の介護費用を利用した場合と同額程度を支払っています。扶養の額については，扶養する必要が明らかであれば適宜の額を支払いますし，もし金額に争いがあるときは，最終的には扶養請求調停をしてその審判で決まった額を支払います。

Q　母の後見人に長男の私がなりました。母は判断能力がある間はずっと私の子供にお年玉を渡していましたが，今後も渡してよいのでしょうか？

A　親族への贈与は本人の財産を減らす行為なので，原則としてはできません。しかし，従来からやっていた贈与で少額のものであれば，従来どおりに継続することが本人の意思に沿うと考えることもできます。これについても，どのようなことにいくら使ってよいのか，事前に家庭裁判所に相談してください。

Q　母の後見人に長男の私がなりました。母と同居するため，私の自宅をバリアフリーにするためリフォームをしたいのですが，リフォーム費用は母の財産から支出してもよいのでしょうか？

A　もっぱら本人の住環境改善のためにされるリフォームであれば，その費用の支出は認められる可能性が高いです。バリアフリーにするのと一緒

にそれ以外のリフォームも併せてすることも多いと思いますので，事前に家庭裁判所にリフォームの見積りと図面を持参のうえ，相談してください。

8.2　本人の意思の尊重

　後見人等は，本人の意思を最大限尊重して行動しなくてはなりません。しかし，本人の意思を尊重したくてもできないときがあります。たとえば，徘徊で戻れなくなる可能性のある方や物忘れがひどく，お風呂を空焚きにすることがあるなど一人暮らしを続けることが難しいときは，自宅で暮らしたいという本人の意思に反して，老人ホームに入居していただくこともあります。入居当初等は自宅に帰りたいと訴えられますので申し訳なく感じますが，やむを得ないときがあります。

　本人の意思がはっきりわからないとき，本人の意思に反するときには，次の4つの観点から検討が必要です。

① 公平中立な立場から検討しているか
　本人の親族など周囲の人からの圧力により決断してはいけません。

② その決断が経済的に合理的か
　親族に市場価格より安価で本人の自宅を賃貸したり売却するのは不合理な例です。

③ 身上監護面から検討して必要か
　本人が安全に過ごすために必要かどうか。老人ホームや入院時に身体拘束をすることは原則禁止されていますが，本人が点滴の管を抜く，骨折の手術前なのに歩こうとするときなどは，やむを得ないので身体拘束を同意しています。

④ 社会相当性
　その決断が一般的に考えても相当である必要があります。

第9章
判断に迷ったら？

　後見人等として職務をしていると，いろいろと迷うことが出てきます。
　どうしたらよいのか判断に迷った時は，自分の価値観だけで判断するのは危険です。誤った判断をして後で責任追及されては，自分のためにも本人のためにもなりません。

9.1 誰に聞くのか

　後見人等として働いているときに判断に迷ったら，誰に相談すればよいのでしょうか？
　第8章8.1のＱ＆Ａでは家庭裁判所としましたが，相談先としては5つの候補があります。
　① 後見等監督人
　　　後見（保佐・補助）監督人がいれば，その人に相談するのが最初です。監督人という名前の響きで，お目付け役のようなイメージを抱く方もいますがそうではなく，後見人等について一緒に考えてくれる人です。困ったときには，遠慮なく相談してください。
　② 後見人仲間
　　　ちょっとしたことを気軽に相談できる後見人仲間がいれば一番いいのですが，親族後見人の場合には後見人同士の繋がりがあまりないので，難しいかもしれません。社会福祉協議会で親族後見人向けの研修をしていることもありますので，そこで仲間を見つけることもできます。
　③ 社会福祉協議会
　　　社会福祉協議会では，成年後見についての相談を受け付けていますので，地域の社会福祉協議会に問い合わせてみてください。
　④ 弁護士，司法書士，社会福祉士
　　　成年後見だけでなく，それぞれの業務についての一般的な相談についても無料相談会を実施していますので，地域の弁護士会，司法書士会，社会福祉士会に，いつどこで開催しているかを問い合わせてください。
　⑤ 家庭裁判所
　　　これらの相談先に相談をしても解決しない場合には，家庭裁判所に問合わせをしましょう。家庭裁判所としても，大きなことを決める前に相談をしてもらえるほうがありがたいようです。

9.2 研修を受けよう！

　成年後見制度に関する法や取り扱いは，時代と共に変わります。そして，自分が悩んでいることは他の方も悩む事例であることが多く，そういったときの指針の知識を研修で身に付けておくことは重要です。専門職後見人も，研修を継続的に受けています。たとえば司法書士でしたら，倫理研修を含む一定の研修を受けていなければ，家庭裁判所にある後見人等候補者リストに掲載してもらえません。

　市民後見人の方，親族後見人の方については，家庭裁判所や社会福祉協議会，リーガルサポートなどが開催する研修会がありますので，積極的な参加をお勧めします。家庭裁判所に提出する後見事務報告書や収支状況報告書の記載方法といった初歩的ことから，医療行為への同意の問題，本人死亡後の事務の方法などを学ぶことができます。

第10章
成年後見制度を利用するときの注意事項

後見制度の利用は判断能力が衰えている本人よりも周囲の人が主導になってするために，思わぬ勘違いを生むこともあります。

10.1　本人のための制度です

　本人のためだなんて何を当たり前のことを，と思われるかもしれませんが，2つの事例をご紹介します。

【事例１】
　資産家の父がいて，毎年相続対策で子供や孫に贈与をしていました。ところが父が認知症になり，贈与契約がきちんとできないため，息子が後見人をつけることを検討し，相談にいらっしゃいました。

周囲の人の思惑で後見申立がされるケースもあるね。

本人を置き去りにしてな。

第10章　成年後見制度を利用するときの注意事項

　お父様に後見人がつくと，金額や頻度にもよりますが，原則として本人の財産を損なうだけなので，贈与はできません。相続対策でメリットを受けるのは子供達であって本人のためではないので，贈与を継続することは本人の財産を減少させるだけの行為になるからです。

【事例2】

　友子さんは，父と二人暮らしをしていました。母は友子さんが3歳のとき，他に好きな男性ができて出て行ってしまいました。友子さんは母に対して「捨てられた」という気持ちが強く，思い出すこともつらいので父と母について話をしたことはありませんでした。友子さんが会社に就職し慣れない環境で忙しくしていたとき，父が突然の事故で入院し，看病のかいなく亡くなってしまいました。苦労しながら葬儀，埋葬を終え，四十九日の法要も無事に終わりほっと一息つき，そろそろ銀行預金や不動産の相続手続きをしようと思い，戸籍を取得してびっくり！　20年前に家を出て行った母が，父の妻としてまだ記載されていたのです。戸籍の附票を取り，住所地の特別養護老人ホームを訪ねたところ，母は重度の認知症で友子さんを認識するどころか会話すらできない状態でした。知り合いの司法書士から，籍が抜けていない以上は母にも相続権があるため，認知症のお母さんに後見人をつけて遺産分割協議をしなくてはならない旨の説明を受けました。母にはあまり関わりたくはなかったのですが，自宅の名義を変えるため，仕方なく母の診断書を取得し，申立書類を作成しました。母の後見人になるつもりはなかったので，後見人候補者の欄は空白にして申立てをしました。

　しばらくすると，佐藤という司法書士が後見人になったという通知が来ました。母の通帳の引渡しと相続の件について話をするため，佐藤司法書士と会うことになりました。佐藤氏は穏やかな優しそうな人で，友子さんは今までのいきさつや，今後も母に関わるつもりがないことを伝え，通帳を渡しました。話が父の相続になったときに，友子さんにとっては意外な一言が佐藤司法書士から出ました。

157

「お母様には2分の1の相続権があるので、その分は頂きたい。」
それを聞いた友子さんは、激怒です。まぁ、そうですよね……。

あーん？

なんやて？
そらナイやろ！

自分を捨てて、しかも父の看病も
葬儀も何もしていないのに
相続だけするの？！

　この事例では、心情的には友子さんの味方をしたいし、お気持ちも十分に分かるのですが、友子さんの申立てで就任したとはいえ、佐藤司法書士はお母様の後見人なので、お母様の権利をしっかり守る必要があります。友子さんの意を汲んで動いてくれる人ではありません。後見人等が関与するときの遺産分割協議は、原則として本人の法定相続分の確保が求められるため、このような発言をせざるを得ないのですが、この事例では事情が事情ですので、お母様の相続分は2分の1よりかなり少なくなったと聞いています。少なくなったとはいえ、すべてを自分が相続するつもりだった友子さんにとっては、不満が残る遺産分割協議だったかもしれません。

10.2　申立ての取下げは自由にはできません

　一度は後見等の申立てをしたものの，どうも自分が後見人に就任できなさそうなので取下げをしたいと思っても，勝手にはできません。その取下げをするには，**家庭裁判所の許可が必要**となります。申立ての取下げをすることは，後見等が必要な状態の，本人の利益に反するためです。

　自分が後見人に就任できないから，または後見監督人が付きそうだからという理由では，まず認められないでしょう。

10.3　基本的にお亡くなりになるまで続きます

　後見制度は**申立てのきっかけとなったこと（遺産分割協議や生命保険金の受領など）が終わった後も，ずっと亡くなるまで続きます**。こん睡状態だった方の意識が回復したときのように判断能力が回復したときには後見等は終了しますが，認知症の方，精神病の方が後見制度の利用が不要な状態まで回復することはあまりないので，多くのケースでは亡くなるまで続きます。

　そのため，原則として1年に一度，家庭裁判所への報告が必要となります。亡くなったときは，その旨の報告も必要です。

10.4　財テクはダメ

　本人の財産は安全に管理する必要があるため，ペイオフ対策のため1つの銀行に1,000万円以上の預金をしないようにしましょう。本人の遺言がなければ，

管理をしやすいよう預貯金口座の整理をしても構いません。本人の遺言があり，その内容がA銀行の預金は長男に相続させる，B銀行の預金は長女に相続させるというようなもののときは，それらの口座を従来どおりの用法で使用するようにしましょう。

　本人の財産を増やすために株式投資をしたり，投資信託をしてはいけません。商品の性質上元本が保証されておらず，本人の財産を減らす恐れがあるからです。

　本人の財産をできるだけ増やすには，定期預金くらいしかできません。

　後見等開始時に本人が持っていた株式については，適宜管理をし，利益がでているならば売却検討してもいいと思います。株価は下がっていても配当金が毎年かなり入ってくる場合には，そのまま保有し続けるほうがよいでしょう。後見人等は投資のプロではないので限度はあると思いますが，本人の財産に大きなマイナスを与えないよう管理する必要があります。

第11章
自分がしっかりしている ときに準備できること

　今までは，主に認知症等になってしまった後に利用する法定後見について書いてきましたが，認知症などになる前の**自分がしっかりしているときに**，**将来に備えてどのような事を準備できるか**，どうやったら最後まで自分らしく生きることができるかについて，ご紹介します。

後見人として，さまざまな方の人生に関与させていただいていると，結婚しているかどうか，子供がいるかどうかを問わず，**女性は最後には一人になる確率が高い**と感じます。子供がいても，結婚し独立すると夫婦二人の世帯になります。平均寿命は男性のほうが短いため，夫が先立つことが多く，そうなると妻が一人暮らしをすることになります。

　女性（男性も）が自分の老後に備えて準備できることは何があるのか，また，残された妻に夫ができることは何があるのか，障がいを抱えた子供がいる場合にその子が親亡き後にどうしたら安心して暮らせるのかについても紹介します。

　まだまだ若い方であっても，人間，いつ亡くなるか，いつこん睡状態になるかは分からないので，一度考えてみてはどうでしょうか。

　準備できることには，次の7つがあります。

① 　継続的見守り契約
② 　財産管理等委任契約
③ 　任意後見契約
④ 　医療方針宣言公正証書
⑤ 　死後事務委任契約（家族信託でする方法もあります）
⑥ 　遺　　　言
⑦ 　家 族 信 託

　自分がしっかりしているときに，将来何かあった場合に自分の事を任せる人を決めておき，しっかりしている間は定期的に連絡を取り，または会って信頼関係を深め（①継続的見守り契約），急病で倒れた際などに備えて財産管理を将来任せられる契約もしておき（②財産管理等委任契約），認知症などを発症し自分ではきちんとした財産管理等をできない状態になったときに備えて任意後見人になってもらう予約をしておきます（③任意後見契約）。認知症やこん睡状態になり，自分の医療方針が伝えられないときに備えて，④の医療方針宣言公正証書（128ページ）を作成しておくとさらに安心です。

　自分が死亡した後のことをお願いできる人がいないときは，死亡時の葬儀や納骨等についても委任する契約もできます（⑤死後事務委任契約）。自分の死

第11章　自分がしっかりしているときに準備できること

後に，遺産をどう分けてほしいか希望があるとき，法定相続人がいないときは，誰に遺産を受け取らせたいのかを指定しましょう（⑥遺言）。

⑦の家族信託は，後見制度ではできない財産の活用ができる仕組みです。後見制度よりも，柔軟に使うことができます。

④の医療方針宣言公正証書は既に説明しましたので，それ以外のものについて詳しくご説明します。

11.1　継続的見守り契約

通常，継続的見守り契約と財産管理等委任契約，任意後見契約の３つをセットで契約します。というのは，将来認知症になった場合によろしくね，という内容の任意後見契約をするのはよいのですが，契約してそれっきり連絡をとらなければ，任意後見の効力を生じさせるべきときの把握ができません。そのため，定期的に電話連絡や面談をする契約をします。継続的に連絡を取り，生活状況や健康状態を確認し，お話をすることで，互いの意思疎通を深め信頼関係を築くことができるメリットもあります。

費用は契約により決めますが，月数千円程度のことが多いようです。

11.2　財産管理等委任契約

少し難しい法律のことを手伝ってもらいたいときや，体が動かなくなったときに備えて，自分の代わりに預貯金の管理などを委任する契約です。一人暮らしの方が救急車で運ばれて入院した場合は，家にお金はあるのに体が動かず支払いができなくて困ってしまいます。この契約を事前にしておけば，自分の代

わりに預金をおろして支払いをしたり，入院手続きをしたりしてくれます。また，この契約をするときに医療方針の希望，介護方針の希望，危急時の連絡先などに関することをお伺いしますので，自分の希望を伝えることができます。

　この契約をしたからといってご自分で財産管理ができなくなるものではなく，必要とするとき，または体が動かなくてやって欲しいときなどご希望に応じて，施設との契約，通帳の管理，重要書類のお預かり，毎月の収支の管理，年金の管理，医療費の支払い，公共料金の支払いなど契約内容に応じたお手伝いをします。本人がしっかりしていることが前提なので，もし将来，判断能力が衰えてきた場合は，この契約は終了し，任意後見契約をしているときは，任意後見が開始します。

　ちなみに，司法書士がこの契約をする場合は，本人に加えてリーガルサポートも司法書士を監督する三面契約をお勧めしています。その場合には，司法書士はリーガルサポートへ定期的に報告をしますので，契約した本人に加えて，リーガルサポートも司法書士が本人のためにどんな活動をしたか等を監督します。司法書士本人に言いづらいことなどは，リーガルサポートへ伝えれば適切な指導をしてもらえるという利点もあります。

第11章　自分がしっかりしているときに準備できること

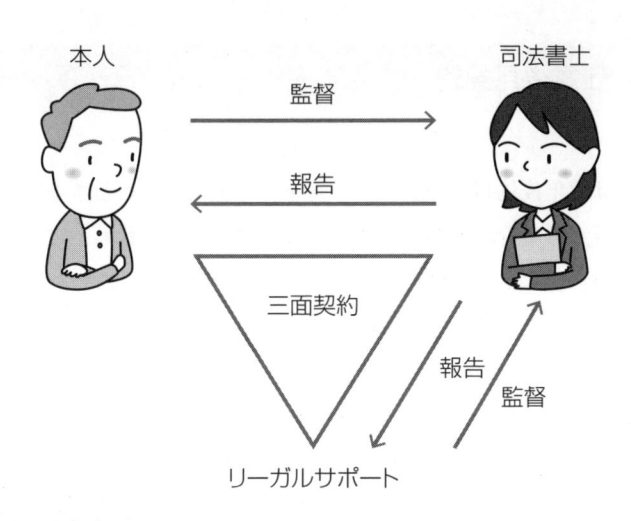

```
本人　　　　監督　　　　司法書士
　　　　　→→→→→→
　　　　　←←←←←←
　　　　　　報告
　　　　三面契約
　　　　　　　　　報告
　　　　　　　　　←←
　　　　　　　　　→→
　　　　　　　　　監督
　　　　リーガルサポート
```

ダブル監督だね。

　財産管理契約が実際に効力を生じたときには，管理する財産額に応じた報酬がかかります。また，不動産売却を代理してした，入院手続きをしたなどの場合には別途報酬がかかります。これらの報酬額は契約で決定しますが，目安として後見人等の報酬額（112ページ）で確認してください。

11.3　任意後見契約

　任意後見は成年後見制度の1つで，将来認知症になったときなどに備え，生活，療養監護，財産管理に関することについて，自分に代わってやってもらう人（「任意後見人」といいます）を決めておく契約です。この契約は必ず公証人が作成する「公正証書」でする必要があります。

　任意後見契約は，将来のための予約なので，この契約をしたからといって何ら日常生活は変わりません。この契約の効力が生じるのは，認知症等になり，判断能力が落ちたときに任意後見人の受任者の申立てにより家庭裁判所に「任意後見監督人」という任意後見人を監督する人の選任をしてもらったときです。この**任意後見監督人が選任されて初めて任意後見契約の効力が生じ**，予め定めておいた，**療養監護・財産管理を開始**します。

ふむふむ

任意後見監督人が選任されるまでは、単なる「将来を任せる予定の人」というだけで何ら権限はないわけやね。

　任意後見人についても，補助，保佐，後見人と同じく自分が任意後見人である証明書を取得することができます。「私は，○○さんの任意後見人です，なので私が契約を代わりにします。」という人が現れて，証明書を提示したら，**任意後見監督人が選任されているかどうかをチェック**してください。

第11章　自分がしっかりしているときに準備できること

任意後見人の登記事項証明書

登記事項証明書

[任意後見]

任意後見契約
　【公証人の所属】東京法務局
　【公証人氏名】〇〇〇〇
　【証書番号】平成２５年第〇〇号
　【作成年月日】平成２５年１１月２６日
　【登記年月日】平成２５年１２月２日
　【登記番号】第２０１３－〇〇号

任意後見契約の本人
　【氏名】花沢花子
　【生年月日】昭和２０年２月２２日
　【住所】東京都〇区〇〇二丁目〇番〇号
　【本籍】東京都〇区〇〇二丁目〇番

任意後見人　← 任意後見契約の効力が生じる前は「任意後見**受任者**」という記載です。
　【氏名】〇〇〇〇
　【住所】東京都〇区〇〇三丁目〇番〇号
　【代理権の範囲】別紙目録記載のとおり
　　　（この見本では、代理権目録の記載を省略しています）

【任意後見監督人】← 任意後見監督人の記載がある＝任意後見契約の効力が生じているということです。効力が生じる前は任意後見監督人の記載はありません。
　【氏名】〇〇〇〇
　【住所】東京都〇区〇〇四丁目〇番〇号
　【選任の審判確定日】平成２７年〇月〇日

上記のとおり後見登記等ファイルに記載されていることを証明する。
平成２７年〇月〇日
東京法務局　登記官　　〇〇〇〇　㊞

（証書番号）２０１５－〇〇（1/3）

任意後見人は任意後見監督人を通じた，間接的な家庭裁判所の指導監督のもと，本人のために必要な行為をし，援助します。

　任意後見の効力が発生した後は，管理する財産額に応じて契約で決めた報酬が発生します。不動産売却を代理してした，入院手続きをしたなどの場合には別途報酬がかかること，目安として後見人等の報酬額（112ページ）くらいであることは，財産管理等委任契約と同じです。

> **コラム　相続争いの前哨戦？**
>
> 　家庭裁判所を悩ませる任意後見の使い方があります。
>
> 　財産家の父に同居している長男と別のところに住んでいる次男がいて，長男と次男の間では将来の相続を見据えて対立があるとします。父が少し判断能力が衰えてきたため，長男は本人の同意を得て自分を補助人候補者とする補助開始の申立てを家庭裁判所にしようと思い，次男から自分が補助人になることについての同意書をもらおうと思ったところ反対されてしまいました。親族の反対があるときは，第三者が補助人になる可能性が高く，自分が補助人になれないのでは意味がないため，長男は作戦をかえて補助開始の申立てをせず，父と任意後見契約を公証役場で締結し，自分の意を汲んでくれる人を任意後見監督人候補者にして，任意後見監督人選任申立てをしました。
>
> 　このようなケースでは，父（本人）は，判断能力が低下しているうえに，同居している長男には何かと世話になっているので長男の言うがままに任意後見契約をしてしまうことが多いようです。
>
> 　家庭裁判所としては，却下事由がない限り，任意後見監督人を選任して任意後見契約の効力を発生せざるをえません。
>
> 　もし，次男がこれに対抗して，自分を補助人候補者として補助開始の申立てをしてきたら，どちらが優先されるでしょうか？

第11章 自分がしっかりしているときに準備できること

　原則として，任意後見契約のほうが法定後見より優先されるため，長男の申立てが優先されます。本人の利益のため特に必要があるときに限り，法定後見開始の審判ができます。本人の自己決定の意思を尊重しているからです。長男はそれを逆手にとって，自分を任意後見人とする契約してしまっています。次男ができる対抗手段は，父の判断能力が低下している段階でした任意後見契約は効力がないことを主張することです。その真偽につき家庭裁判所は本人に面接し，公証役場から医師の診断書等の書類を取り寄せて調査しますが，審判手続きの中のものなので限度があります。厳密な判断を求めるならば，地方裁判所で訴訟をするしかありません。

　誰が後見人等になるかと，将来の相続争いは全く別の問題なのですが，このケースのように，相続の前哨戦となってしまっていることもあります。

　どのような判断がされるかは，ケースによって異なりますが，長男が任意後見人になるときは長男が推薦した任意後見監督人候補者ではなく，第三者が選任されるでしょう。家庭裁判所としては，そのくらいしか長男を牽制することができません。一方，次男が申立をした補助開始審判がされる場合には，次男ではなく第三者が補助人として選任されるでしょう。

11.4　任意後見と法定後見の違い

　任意後見の場合は，自分がしっかりしている時に，**将来財産管理を任せる人を自分で決めることができます。**法定後見（補助，保佐，後見）の場合は，自分の判断能力が衰えた後にサポートする人がつき，さらには誰が後見人等になるかは裁判所が決定するため，突然見知らぬ人が「家庭裁判所に選任されたので，今日から安心して暮らすお手伝いと財産管理をします。」と，登場することがあります。これは大きな違いですね。

任意後見の場合は，自分が選んだ人と自分がしっかりしているときから付き合うので，**予め自分の希望する生活状態，食べ物の好み，治療行為の希望などを伝えられ**，より「自分らしい」生活を送ることができます。

　法定後見人をしていて，判断に迷うのは，本人の趣味嗜好が分からないことが大きな原因です。老人ホーム選び1つとっても，大規模な老人ホームがいいのか，小規模でアットホームな老人ホームがいいのか，窓から見える景色は山がいいのか海がいいのか……。ある程度意思疎通ができる方でしたら希望を伺えるのですが，そうではない場合は，本人の予算の範囲で選べる老人ホームのパンフレットの山を前に途方に暮れます。よさそうだと思うところに絞って見学し決めていますが，あくまでもそれは，私が本人のためによさそうだと思ったところに過ぎません。老人ホームに入居する際には，より快適にお過ごしいただくため，ホーム側から本人の食事の好み，アレルギーの有無，好きな余暇の過ごし方，病歴などを聞かれますが，本人の周りに本人のことを知っている人がいなければ答えることができず，手探りで本人と接してもらうことになります。本人がしっかりしているときにいろいろと伺って知っていたら，本人に代わって希望を伝えることができて，より快適に過ごしていただけるのにと残念に感じています。ご本人の意思が分かればどんなに助かるかと特に強く感じるのは，生命に関する医療行為に関することです。既に述べた（125ページ）とおりですが，後見人等に権限がない分，なおさら悩みます。

　法定後見のうち，保佐，後見が開始すると会社の役員の資格を喪失し，弁護士や医師の資格を喪失しますが，任意後見が開始してもそのような不利益はありません。実際問題としては，任意後見が開始するような状態でこれらの仕事を全うできるかという問題がありますが，たとえば名誉会長として名前だけは載せておきたいというニーズには応えられると思います。

　本人が勝手にした行為についての取消権は，法定後見の場合には，後見人にあります。補助，保佐では取消権があるときとそうでないときがあります。任意後見人には取消権がありませんので，頻繁に訪問販売被害やリフォーム詐欺にあう人には法定後見のほうが向いています。任意後見の契約の効力発生後，

第11章　自分がしっかりしているときに準備できること

法定後見に移行することもできるので，本人がそのようなタイプのときには，法定後見に移行する申立てをすることもあります。

> ちょっと言いづらいけれど、
> 任意後見はお金に余裕がある人
> 向けの制度かもな。
> ひそひそ

> 自分の思いどおりの
> 人生を実現しやすい
> いい制度なんだけれどね。

　任意後見の場合は，任意後見人に事前に契約した費用が必要なことに加え，任意後見監督人への報酬も必要となります。法定後見の場合は，報酬は裁判所が決定します。後見（保佐・補助）監督人はいないこともありますので，後見人等への報酬のみですむこともあります。
　任意後見の契約をしていても，効力発生時に財政が厳しく報酬が賄えそうもないときは，法定後見への移行の申立てをすることもあります。

	任意後見	法定後見
効力発生	判断能力があるときに，事前に公正証書で契約し，認知症等になった後に任意後見監督人が選任されて，はじめて効力が生じます。	判断能力が不十分になってから，家庭裁判所に申し立て，家庭裁判所の後見等開始審判書が後見人等に到着して，2週間経過後に効力が生じます。
誰が後見人等になるか	自分がしっかりしている時に，将来財産管理を任せる人を，自分で決めることができます。	誰が後見人等になるかは，家庭裁判所が決定します。
自己実現可能性	その人に，予め自分の希望する生活状態，食べ物の好み，治療行為の希望などを伝えられますので，より「自分らしい」生活が送れます。	意思疎通ができるかは，ご本人の状態次第です。
報　　酬	報酬は契約で決定します。任意後見人及び任意後見監督人への報酬も必要となります。	法廷後見の場合は，報酬は裁判所が決定します。後見等監督人がいないときは，後見人等への報酬のみですみます。
取消権	本人のした行為についての取消権は，任意後見人にはありません。	補助，保佐，後見で，取消権がある場合とそうでない場合とがあります。
資格喪失	なし	保佐，後見が開始すると，会社役員，弁護士や医師の資格を失います。公務員も続けられません。

第11章 自分がしっかりしているときに準備できること

> **コラム** 任意後見契約と遺言がセットのときは気をつけよう
>
> 　任意後見契約はお金持ちの制度と説明しましたが，報酬をいくらにするかは自由なので，中にはとても安い金額で任意後見人を引き受けますよという会社もあります。「任意後見監督人も関連会社がするので安い金額で大丈夫です。身寄りがなくて老後が心配ならば，弊社の経営する老人ホームで暮らしてください。亡くなった後のことも死後事務委任契約をするのでお望みの葬儀，埋葬をしますから安心してください。」という説明を受けたら，かなり心が惹かれます。
>
> 　ですが，うまい話には当然ウラがあり，多分こういう話が続きます。「1つだけ条件があります，弊社に全財産を遺贈する遺言を書いていただきたいのです。ご自分のお金は使い切って亡くなるのが一番ですが，もし残っていたときには，弊社に後払いの報酬として頂けると助かるのです。その資金で，今後も困っている高齢者の方のお役に立ちたいと思います。」
>
> 　身寄りもないし，他の同じような境遇の高齢者の役に立つ，しかもこれから世話になるところだからまぁいいか，と遺言を書いてしまう方もいます。
>
> 　でも，考えてみてください。ご自分がしっかりしている間はともあれ，認知症になり判断能力が低下したときは，任意後見人（＝将来遺贈を受ける人）が自分に必要な医療や介護の手配をし支払いをするのですが，自分のためにしっかりお金を使ってくれるでしょうか？　使えば使うほど，将来遺贈でもらう額が減ります。しっかり任意後見人が仕事をしているかを直接チェックする任意後見監督人は関連会社です。純粋な善意から，このようなシステムを構築している会社も中にはあるかもしれませんが……。
>
> あたいなら怖くて
> よう契約できんわ。
>
> ひゃ～

11.5　死後事務委任契約

　自分の将来に不安を感じて任意後見契約を検討している方とお話しすると，任意後見のことよりも自分の死後の葬儀や埋葬のことのほうを心配している方が多いと感じます。

　自分が死んだ後も，きちんと事前に死後事務委任契約しておけば，葬儀，病院への清算，身の回りの品の始末，近親者への連絡などを希望に応じたかたちで実現できます。葬儀などをお願いできる親族がいない，もしくはいても迷惑をかけたくない方などが利用しています。いつ亡くなったかを即時に把握してもらう必要があるので，日ごろ付き合いのある方で，きちんとお任せできる人を選ぶことが肝心です。私は，見守り契約や財産管理等委任契約，任意後見契約をしていて，定期的に連絡をとっている人に限り，この契約を引き受けています。

　自分の死後に依頼したいことを，契約内容には盛り込みます。死亡時に連絡する親戚，菩提寺，連絡をしないでほしい親戚や友人，葬儀をどこに依頼し，どこに埋葬するのか，家財道具の処分，医療費や老人ホーム費用など未支払の債務の清算をすること等について決めておき，死亡後に決めたとおりのことを実行してもらう契約です。

第11章 自分がしっかりしているときに準備できること

ツイッターやブログにお知らせを
掲載して欲しい、アカウント閉鎖
をしてほしいというニーズも
増えてきそうだね。

あたいもダイエットブログ
やってるから、閉鎖依頼
したいわ。

最後の200ｇが落ちないのよね～

11.6　どのように使われているか

　司法書士が契約する場合は，通常，見守り契約，財産管理委任契約，任意後見契約の3セットと，希望があれば死後事務委任契約，遺言書の作成をしています。

　見守り契約から財産管理等委任契約へ，そして認知症等を発症したときは任意後見契約へと移行することもあれば，見守り契約のまま，亡くなることも，最初から財産管理をすることもあります。最初から財産管理をし，任意後見に移行することなく亡くなり，死後事務委任契約に基づいて葬儀・埋葬をし，遺言を執行したケースを紹介します。

Ａさんは，90代半ばとは思えないほどしっかりした女性でしたが，お金の管理や役所の手続は夫がしていたため，やったことがありませんでした。夫が死亡後は長男がその役割を果たしていたのですが，本人が病気の治療のため入院していたときにその長男が突然死亡してしまいました。今まで常に誰かがそういうことをやってくれていたので，これからもやってほしい，ゆっくりしか歩けないので，出向く必要があるようなことはすべてやってほしい，長男の相続手続きもしてほしいということが，相談のきっかけでした。

　それらのことをすぐに私ができるように，財産管理等委任契約をし，認知症になったときも引き続きお手伝いできるよう任意後見契約をし，そして永代供養のご希望があったので死後の事務委任契約もしました。また，相続人が誰もいない状態でしたので，ある方に遺贈をする遺言書も作成し，私が遺言執行人になりました。

　契約後まずは，退院後の行き先を決める必要がありました。体が弱っていて一人暮らしをするのは難しい状態でしたし，Ａさんの自宅は長男が売却の依頼を不動産屋にしていて，既に買主と売買契約をし，残代金の決済の日を待つ状態となっていました。本人の資産状況がよく分からなかったので，Ａさんと相談のうえ，とりあえず空きのあった介護老人保健施設に入ることにしました。この施設は，リハビリをして自宅や老人ホームへの復帰を目指すところで，基本的には３か月しか居られないので，次の場所を早急に探す必要があります。Ａさん名義の預貯金はさほど高額ではなかったので，何をするにもまずはお金を確保しなくてはなりません。中断していたＡさんの自宅の売却手続きを進め，同時に長男の相続手続きに着手しました。

　長男は結婚しておらず子供もいなかったので，Ａさんだけが相続人です。他の相続人と協議をする必要もなく，手続きは簡単……と思ったのですが，思わぬ難関が待っていました。

　それは，長男の遺産の全容がつかみにくかったこと。家に入るのも大変！長男のマンションの鍵をＡさんは持っていなかったため，マンション警備会社に事情を説明して警備会社が預かっているカギで開錠してもらって入りました。

第11章　自分がしっかりしているときに準備できること

　着服の疑いを避けるため他の司法書士の立会いのもと2時間ほどかけて家探しをして，通帳，現金，予備の鍵，権利証等重要書類を回収しましたが，2つ見落としていました。

　Aさんの希望でそのマンションは売却することになり，それに先立って室内の家財の処分を業者さんに依頼しました。なにか見つかったら知らせてくれ，とお願いしていたところ，クローゼットの奥に小銭がたくさん入ったゴミ袋を発見してくれました。

　もう1つは生命保険です。郵便物の転送をしていたところ，保険会社からの契約者への新商品のお知らせが来ていて，問い合わせたところ長男が生命保険に入っていたことがわかり，800万円を受領できました。

営業の案内が来て万歳！

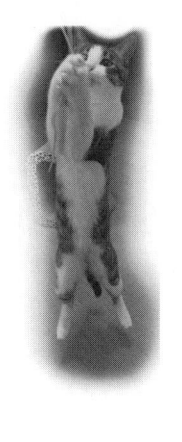

万歳！

助かったよね～

　保険証券がどこかにあったのかもしれませんが，見落としていたようです。不動産や通帳のように分かりやすいものはよいのですが，ネット預金や保険，借金は分かりづらいです。また，価値のある絵や壺，貴金属，骨董品も分かりにくいです。長男の家には目利きをしなくてはならないようなものはなかった

177

とは思いますが，もしかしたら衣類の中にはビンテージ物があったかもしれません。物の価値を一番分かっているのは所有者本人なので，**財産目録を作っていてくれたらなぁ**，とつくづく感じました。そうでないと，遺された側は，本当に全部きちんと相続できているかどうか，不安になります。

　長男はローンを組んでマンションを購入していたので，抵当権が設定されていました。幸い，団体信用生命保険がついていて，長男の死亡により保険金で残債務が清算されることになったので，助かりました。

　Aさんの自宅と長男のマンションの売却代金が入り，Aさんの財務状況はかなりよくなりましたので，有料老人ホームを探すことになりました。Aさんの希望を伺い，一緒にパンフレットで候補を絞り，気軽には動けないAさんに代わって私が見学して報告し，一番よさそうなところに体験入居して決定しました。

　財産管理等委任契約に基づき，その後も1か月に一度お会いし，財産状況を報告したり近況を伺っていました。90代半ばになると親しい友人は先立ち，不幸なことにお身内も先立ち，年相応の老化のため視力や聴力も衰えていたので，テレビや本を楽しむこともなく，「長生きしてもいいことはない。」とおっしゃっていました。アットホームで手厚い見守りをしてくれる老人ホームで，何不自由なくお過ごしのようにはた目からは見えていましたが……。視力聴力が衰えても楽しめることを持つ，生きがいを持つというのは難しいことだと感じました。

　Aさんが一番喜んでくださったのは，長男の一周忌を執り行ったことです。永代供養をお願いしているお寺で行いました。三回忌もしましょうね，とお話しをしていたのですが，その前に亡くなられました。亡くなる数か月前くらいから認知症が出てきたかな，と感じて任意後見申立てを検討していましたが，申立てをする前に亡くなられました。

　お亡くなりになった後のことも死後事務委任契約で委任されていましたので，ご希望どおりに通夜と告別式の両方をすることになりましたが，葬儀社の方と打合せをしていて，思わぬ悩み事が生じました。

第11章　自分がしっかりしているときに準備できること

祭壇はどんなのにしよう，
骨壺はいくらのにすべき？

そこまで決めておけば
よかったなぁ。
悩むなぁ、はぁぁ…

なぁ、見てや。
あたい壺の真似、得意やで。

　契約では，そこまで詳しく決めていませんでした。骨壺，棺，祭壇の値段にこんなに幅があるとは。葬儀費用の上限は決めてあったので，それの範囲で収まるようにはしましたが，何にいくら使うかまでは決めていなかったので1つ1つ悩みながら決めました。この反省を踏まえ，以後，死後事務委任契約をするときは葬儀社を選んで，そこで事前に葬儀の内容を決めていただき見積りを取るようにしています。
　四苦八苦しながら葬儀を終え，火葬場へ。お骨揚げを行ったのは，永代供養をお願いしているお寺の住職と，私でした。100歳近い人生の大先輩のお骨を，数年前に知り合っただけの人間が拾うことへ，何とも言えない申し訳なさを感じたのですが，住職の，「生前に面識がある人が拾うのはそれだけでもいいことですよ。身寄りがわからない方の場合，私とタクシーの運転手で拾うこともあるんですよ。」との言葉に，心が少し軽くなりました。その後，何度も火葬場に行っていますが，お釜の前に「〇〇〇〇様」とあるのではなく「〇〇

区　不明」と書いてある札をたまに見ることがあり，そのたびに住職の話を思い出します。ご遺骨は，予定通り永代供養しました。すべての清算を終えたので，死後事務委任契約はそこで終了です。

　その次は，遺言の執行です。遺言の執行人になっていたので，遺贈された方に連絡し，受け取ってくださることを確認し，その旨の確認書を頂きました。Ａさんの遺産は金銭のみでしたので，預金を解約して，その方の口座へ振り込み，すべて終了しました。

　Ａさんの場合は親族が全くいないケースでしたが，Ａさんの後に任意後見契約をしたＢさんは，遠方の親族と頻繁に電話や贈り物をしあう方でした。病気からくる弱視のため一人で歩くことが難しく，「お金を気軽に降ろしに行けないから。」ということで，ご自宅に多額のお金を置いてらっしゃいました。
　おりしも九州で庭に埋めた壺にあった現金を掘り起こされて盗まれた事件が起きた時期でしたので，家に置いておくことの危険性をご理解いただき，財産管理等委任契約をして毎月必要額を持参することにしました。
　Ｂさんが一番気にしていたのは，自分の死後のことです。親族とは仲がよいけれど，あまり迷惑をかけたくない，土地勘もない場所で葬儀をしてもらうのは大変だから，誰かにやってほしいというご希望がありました。Ａさんのときの反省をいかし，遠方から来た親族が宿泊できる施設のある葬儀社を選び，骨壺，棺，祭壇の仕様を選んでいただき，葬儀の見積書も確認していただきました。Ｂさんの希望で遠方から来るのは大変だから，と参列した人へ渡すお礼の額まで決めていました。
　Ｂさんが亡くなられたときは，ご希望に沿えたご葬儀ができたと思います。決めていたとおりに親族への連絡や葬儀の手配等を影の喪主のようにしただけなのですが，ご親族から過分な感謝のお言葉をいただきました。何より嬉しかったのが，「Ｂさんは，私たちが困らないように全部手配していたんだね。さすがだね。」とＢさんへの賛辞が多数聞こえてきたことです。Ｂさんのお気持ちがご親族に伝わり，あたたかいご葬儀になりました。

第11章　自分がしっかりしているときに準備できること

Bさんのお気持ちが
皆さんに伝わって
良かったね。

11.7　遺　　言

　自分の財産を，死後誰に渡したいか決まっているときは，遺言を作成しておくことをお勧めします。自分の財産を処分する方法を指定したり，自分の気持ちを遺したりするための方法です。

　遺言がないと，法定相続人の間で遺産分割をどのようにするか協議して決定します。「うちは，仲がいいから大丈夫。」「皆で仲よく話し合って決めてくれればいい。」「遺言を残すほどの額じゃない。」とおっしゃる方も多いのですが，仲のよさはその方がいてこそという場合もありますし，金額の多寡にかかわらずもめるときはもめます。たとえば，父が亡くなり，母，兄，弟が相続人だとします。父としては平等に接していたつもりでも，兄弟間で互いに相手の方が優遇されていたと感じていたり，学歴の差があればそれに不満を持っていたりするかもしれません。兄が親の家に同居して介護をし，弟は別の場所で家庭を持っているケースでは，兄は介護の苦労を主張し，弟は兄が親から援助されていることを主張し争うこともあります。それまでに内面に秘めていたものが表に出るので，なかなか簡単には解決しません。

●遺言がないばかりに……。の事例
ケース１：子供がいない夫婦

　子供がいない夫婦の場合は，遺言を残さずに亡くなると，義理の両親がいるときは義理の両親と，そうでないときは義理の兄弟姉妹と「遺産分割協議」をしなくてはなりません。兄弟姉妹には遺留分がないため義理の両親は既に亡くなっていて，義理の兄弟姉妹が相続人としてとして登場するケースが大半だと思います。その際に遺言さえあればその内容が100％実現することになりますから，活用価値は高いです。

ケース２：思いがけない相続人がいる

- 〇　実は，妻（夫）に内緒で認知した隠し子がいる。前妻（夫）との間に子供がいる。
- 〇　実は，親が再婚し片親を同じくする兄弟姉妹がいるらしい（兄弟姉妹が相続人のケースで）。

　遺言がないときには，相続人確定のために亡くなった方の出生から死亡するまでの戸籍謄本を全て取り寄せます。そこにはもちろん，これらの人物の記載があるため，死後に法定相続人にバレてしまいます。遺言書があれば死亡の記載がある戸籍謄本で足りますので，秘密のままにしておけるかもしれません。相続する側としても，隠し子がいたショックがあったうえに，その人と連絡を取って相続の話し合いをする気の重い作業をしなくてはならないダブルパンチを受けなくて済むので，助かると思います。片親を別にする兄弟姉妹も，交流があるならばよいですが，そうではないケースでは交渉に苦労することもあります。

ケース３：法定相続人の中に未成年者，行方不明の人がいる

　未成年者がいる場合に，母が未成年の子を代理して遺産分割協議等をすることは，利益相反行為になるためできず，未成年者について，「特別代理人」を

選任する手続きを家庭裁判所にする必要があります。その「特別代理人」が未成年者の代理人として遺産分割協議をします。

行方不明の人がいる場合は，まず，家庭裁判所で，その人の代わりに財産を管理する人を選任してもらい（不在者の財産管理人といいます），さらにその人が遺産分割協議をする許可（不在者財産管理人の権限外行為許可）を家庭裁判所で得る必要があり，迅速な遺産分割協議はできません。

ケース４：義理の親の介護をした妻

夫の父名義の家に同居している長男夫婦（子供なし）の妻のケースです。

義理の父母ともに高齢で，特に義父は高齢で認知症があり，常に介護が必要な状態です。妻は正社員からアルバイトになり，介護することになりました。そんなある日，夫と義母が交通事故で死亡しました。介護が必要な義父を放っておけず，そのまま同居を続けて８年，義父が死亡しました。今まで何も介護をしていない夫の妹から，葬儀のときに家を出て行くようにと言われてしまいました。

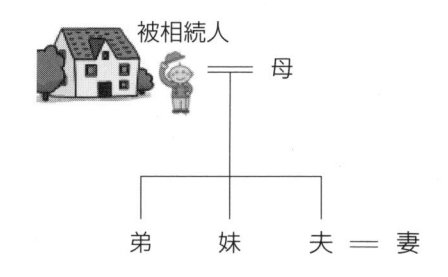

この場合に，相続人になるのは義父の子供のみで，妻（義娘）は相続人ではありません。妻に子供がいれば，その子が夫の代襲相続人として遺産分割協議に加われたのですが……。介護をした義娘に報いるには，義父が遺言を残しておく必要がありました。

この他，
○ 法定相続人がいない。
○ 事業や財産を特定の人に継がせたい。
○ 内縁の夫（妻）がいる。
○ 財産を特定の人や団体に寄付したい。

このようなときには，遺言を作成することをお勧めします。

11.8　一考の価値がある家族信託

　親亡き後の障がいを持つ子の生活が心配，自分（夫）が死亡後の妻の生活が心配，自分が認知症になったり死亡した後も思うように財産を活用したい，そんなときの選択肢の１つとして考えたいのが，家族信託です。

　信託というと，制度が難しそう，人に財産を預けるのが不安などと，ちょっとハードルが高いように感じる方もいるかもしれませんが，成年後見制度とは異なり柔軟な活用ができるメリットがあります。

**耳慣れない言葉が多くて
かんにんな。
知っていると、選択肢が広がるで！**

　平成19年に信託法が改正され，信託銀行のように営業として財産を預かる信託（商事信託）ではなく，個人が財産を預かる信託（民事信託）ができるようになりました。民事信託のうち，家族のために財産を管理したり承継したりするための信託を家族信託といいます。

　信託は，**財産管理方法の１つ**です。具体例でご説明しましょう。

1　親亡きあとの問題

　障がいを持つ後見類型の子供（40歳）がいる70代の夫婦です。自分たちがしっかりしている間は子供の世話ができるけれど，自分たちが認知症になったり死亡した後が心配だ，というケースです。

第11章　自分がしっかりしているときに準備できること

このケースについては，2つの方法が提案できます。

① **後見制度のみを使う**

まず，子供について後見申立てをします。親が後見人になり，引き続き子供が安心して暮らせるように手配し，子供の財産管理をします。体力や年齢的に大変になってきたら，後見人を辞任し，家庭裁判所に後任者を選んでもらい，その人にバトンタッチしましょう。

最初から親と第三者が後見人になり，必要であれば権限を分ける（例：身上監護は親，財産管理は第三者がする）こともできます。

子供についての後見申立てのほかに，親自身について次のことをしておきましょう。

- ○　認知症に備えて任意後見契約を締結する。
- ○　子供が複数いる場合で，障がいを持つ子どもに特に多く遺産を残したいときには，遺言書を作成しておく。
- ○　障がいのある子しかいず，葬儀や埋葬をお願いできる親族がいない場合には，死後の事務委任契約を誰かと結んでおく。

このようにしておけば，親亡き後の子供が安心して暮らせるための準備と，自分の認知症，死後への対策とができます。

② **家族信託と後見制度を使う**

親の財産のほとんどが夫名義だったとします。賃貸不動産がいくつかあり，株式も所有しています。この財産を夫婦と子供のために使いたいけれど，子供は障がいがあるので管理できません。また，妻も財産管理など今までしたことがないので，夫死亡後は誰かに財産管理はまかせて，その人から毎月生活費を渡してもらい，その中で生活するほうがよさそうです。

それでは，どのようにしたらよいのでしょうか？

まず，夫の財産を信託します。信託は，自分（委託者）の財産を，信頼できる人（受託者）の名義に移してその人に活用をしてもらい，その財産や運用益をある人（受益者）が受け取る仕組みです。

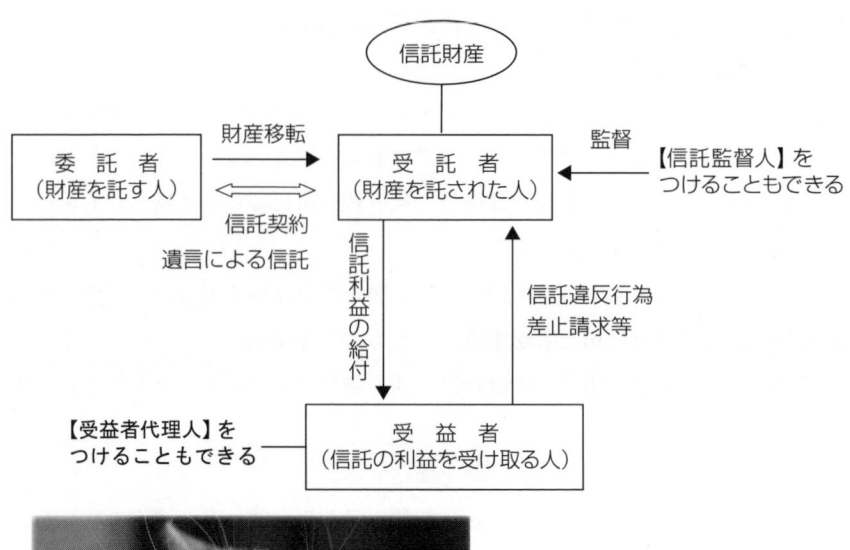

```
                    信託財産
                      │
   委託者    財産移転   ▼   受託者      監督    【信託監督人】を
 （財産を託す人） ──→ （財産を託された人）←──  つけることもできる
        ⇄              │    ▲
      信託契約       信託   信託違反行為
     遺言による信託   利益   差止請求等
                   の給付
                      ▼      │
 【受益者代理人】を    受 益 者
  つけることもできる  （信託の利益を受け取る人）
```

えー？

自分の財産が他人名義になるん？
大丈夫なん？

　大丈夫です。信託された財産（信託財産）は，誰のものでもない財産になります。これはどういう意味かというと，信託をした後に，仮に元の所有者（委託者）が交通事故の加害者になり，300万円を支払わなくてはいけないのに払わなかったので被害者が委託者の財産を差し押さえて換金して回収しようとしても，信託財産には差押えをすることはできません。信託財産の名義人になっている受託者に同様のことが起きても，受託者の債権者も信託財産を差し押さえることはできません。

第11章 自分がしっかりしているときに準備できること

悪い人に、財産隠しに悪用されたりせぇへん？

うふっ

(「悪い人」代表)

ダメッ

債権者には詐害行為取消権があるから悪用できないよ！

　どうも人に任せるのは嫌だというときには，自分を受託者にすることもできます（自己信託）。
　自分の財産を自分に託して，そこからの利益を受け取るのも自分ということもできます（ただし，受託者が受益権の全部を固有財産で保有する状態が1年間継続したときは信託が終了してしまいます）。
　今回の問題に対処するには，夫の財産を夫自身に預け，そこからの利益を妻と子供が受け取るような信託をすることが考えられます。
　信託を設定するには，2つの方法があります。
① 委託者と受託者の信託契約による方法
　委託者＝受託者のときは，どのような信託をするのかを文書により宣言します。
② 遺言で信託を設定する方法

187

①・②の，どちらとも法定はされていませんが，当事者が間違いなく作成したこと，いつ成立した契約かを簡単に明らかにするため，公正証書で作成することをお勧めします。

信託制度は財産管理の一手法にすぎないため，後見制度と異なり，身上監護の手配はできません。したがって，もし妻や子供のために身上監護をしてくれる人がいないようなときには，夫の信託契約のほかに，夫と妻について身上監護についての任意後見契約，子供については後見申立を併せて検討したほうがよいでしょう。

一方，後見制度と異なるメリットもあります。後見制度では財産の活用は定期預金くらいしかできませんが，信託では，契約内容に沿った財産の活用ができます。また，本人の財産を本人以外のために活用することも後見制度では原則できませんが，信託を利用すればできますので，相続税対策のために親族へ贈与をすることもできます。後見制度を利用している場合は，本人のためにしか財産は使えないため，原則としてこのような贈与はできません。

＊親亡き後の問題への他のアプローチ＊

障がいを持つ子の親は，自分の死後，子供が一人になってしまうこと，子供の状態や病気を理解している人がいなくなること，子供が帰宅するところがなくなること，生活ができず餓死してしまわないか等を心配し，親代わりの存在を期待しています。財産管理，身上監護をする後見等は，そういう制度ではありません。

実際に，親亡き後はどうなるのか？　さまざまな事例を見ていると，グループホームに入所していたり，通所施設に通っていたり，後見人が選任されていたりする等公的機関と何らかのかかわりがあれば，親の死亡後も子供はちゃんと暮らしていけると感じています。家庭で子供を抱えず，子供と付き合う人を増やし，子供を社会に出しておけば（家庭の社会化），何らかのルートで手が差し伸べられます。

横浜市では，横浜市障害者後見的支援制度という新しい取り組みが始まっています。これは，地域ぐるみで障がい者を見守る仕組みです。

第11章　自分がしっかりしているときに準備できること

横浜市障害者後見的支援制度
【後見的支援制度の概念図】

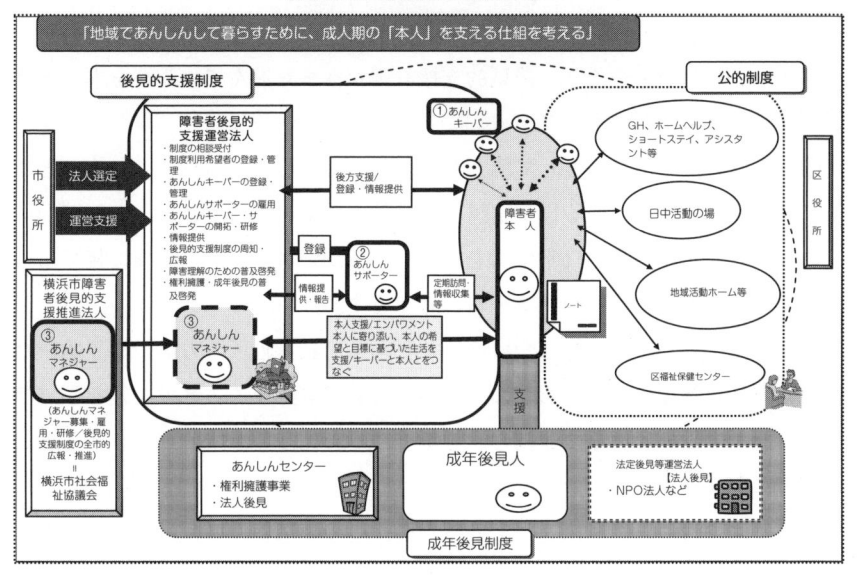

【後見的支援制度の概念図「あんしんマネジャー」「あんしんキーパーの役割」】

名称（仮）	いつ	何を	どこで	誰
①あんしんキーパー	通常の日常生活の中で	本人の変化に気づき，変わったことがあったら③等に報告（できることをできる範囲で手伝う）	本人の住む地域で通常の日常生活の中で各サービス提供場所	・近隣住民等の地域の人 ・日中活動先の職員やホームヘルパー等の身近な相談者
②あんしんサポーター	定期訪問（例えば月1回等）	・本人の状況を本人やあんしんキーパー等から確認し，報告書を作成する。 ・必要に応じて本人の意思を代弁する。	本人の住まいや日中活動先等で	新規募集（地域福祉に関心のある地域住民等）
③あんしんマネジャー	本人のニーズに合わせて定期訪問（例えば3か月に1回等）	・本人の状況・社会資源把握 ・必要に応じて公的機関や相談機関に支援要請（本人主体の視点で発言） ・権利擁護 ・本人の「希望と目標に基づいた生活」を支援 ・将来に対する漠然とした不安への相談に対応	本人の住まいや日中活動先等で	新規募集（福祉専門職等） 目安：現場・相談経験5年以上等

※「後見的支援」…民法上の成年後見制度のみではなく，支援を要する障害者の権利擁護の観点に立って，地域において安心した生活を送ることができるよう行う支援すること

横浜市社会福祉協議会，後見的支援推進プロジェクト報告書より
http://www.yokohamashakyo.jp/siencenter/koukensien/index.html

189

- 〇 定期的に本人を訪問するあんしんサポーター
- 〇 本人に何か困ったことがあったときに後見的支援室に連絡するあんしんキーパー
- 〇 見守り体制をつくり，後見的支援計画がうまく進んでいるかを本人と点検するあんしんマネージャー
- 〇 あんしんキーパーとして協力し登録してくれる人を増やしていくなどこの制度を地域に広める役割を担う後見的支援室の担当職員

　これらの人が連携して日常生活を見守り，障がい者及びその家族の相談にのり，障がい者の暮らしについて一緒に考えます。

　あんしんキーパーは，行きつけのコンビニの店長，近所の方等でご了承いただいた方を登録します。あんしんキーパーとして登録することで，個々がバラバラに関与するのではなく連携し，地域ぐるみで見守りをする体制をとることが可能になります。

　役所では，困難事例は把握しているため，その事例については親亡き後もすぐ対応できる体制ができています。しかし，困難事例ではないケースは，役所が把握していないことが多く，このような形で登録し把握してもらうことが重要です。極端な例ですが，精神病の姉，知的障がいの弟の二人暮らしの家で，弟が急病で倒れ搬送のために家に入った救急隊員が，家に白骨があるのを発見した事例があります。どうやらその白骨は，戸籍上は生存している80代の母のもののようで，死後２年ほど経過していたそうです。弟が倒れたことでようやくこの姉弟に後見人がつき，母の死亡届，相続手続き，その後の二人の生活の支援をしたそうです。横浜市のような地域の見守りがあれば，もっと早く母の死亡が分かり，手を差し伸べられた事例だったと思います。

2　その他の家族信託の活用例

- 〇 70代の男性，妻死亡後に同居しているＡさんがいる。子供の反対があり籍は入れていないが，自分が死亡した後も自分名義の家にＡさんが亡くなるまで住めるようにしたい，そして生活費に困らないようにしたい。

第11章　自分がしっかりしているときに準備できること

- 🐾 遺言で遺産を信託財産に，受益者をＡさん，受託者を付き合いの深い甥にして，Ａさんが亡くなるまで家に住む権利と，遺産から毎月定額の生活費を支給することを信託利益に。Ａさん死亡後は，家と残った財産を子供に帰属（相続）させる信託をする。
- ○ 離婚して子供と暮らすＢさん。自分が死亡後は子供が唯一の相続人だが，自分が死亡時に子供が未成年のときは，別れた夫が遺産を管理することになりかねない。親権者として登場されるのも嫌だし，なんとかしたい。
  - 🐾 遺言で未成年後見人の指定をしておくのと併せて，信託を設定する。遺産を信託財産に，受益者を子供，受託者を信頼できる方にお願いし，信託期間を子供の大学卒業時または成年に達したとき等にする。
- ○ 自分の死後の葬儀埋葬，その後の法要などを甥に依頼したいが，浪費癖があるのでお金を預けるのが心配だ。
  - 🐾 甥と死後事務委任契約をして，死後どのようにしてほしいかを決める。そしてそれに必要な費用を信託財産，受益者を甥，受託者を従姉妹にして，従姉妹から甥が費用をもらって法要などをできるようにする。

＊相続と信託の違い＊

遺言で，この不動産はＡに相続させる，この預金は知人のＢに贈与する，と定めたときは，遺産を分ければもうそれで終わりですが，遺言で信託を設定すれば，遺産を一括してではなく分割して生活費として渡すことや，信託の目的が達成されたとき，残った財産を帰属させる人を指定すること，特定の目的のため（死後の事務委任や増改築など）に遺産を活用することなどができます。もちろん死後だけではなく，自分が生きている間も，信託契約をしてその内容に従った財産管理ができます。

遺産を信託財産、
新しい飼主を受益者とする
ペット信託もあるらしいで。

おいら達の寿命も
長くなったからね。

＊誰を受託者とするか＊

　なるほど，なかなか使えそうな制度だから使ってみたい，ということで弁護士や司法書士に相談に訪れた方が悩むのは，誰に信託財産を託すかということです。親族や知り合いでお願いできる人がいればよいのですが，いない場合にはどうしたらよいでしょうか？「では，先生にお願いできますか？」となることもあります。しかし，残念ながらお引き受けできません。なぜなら，信託業法で，信託を業務として反復継続してすることは信託銀行しかできないことになっているからです。したがって，誰にも託せない場合には，信託銀行の商品で趣旨にあったものがあれば利用することになりそうです。

　親族を受託者にしたけれど助言や監督が必要な場合に信託監督人をつけたり，障がい者や高齢の妻などの受益者の代わりに意思表示をする受益者代理人がいたほうがよい場合には，受益者代理人をつけることができます。こちらについては，弁護士や司法書士に依頼できます。

11.9　こんな使い方もあります（補助）

　身寄りがなく，将来のことが不安で，いろいろと自分がしっかりしているうちに自分の要望を伝えられる任意後見契約をするのがよいとは思うけれど，任意後見人と任意後見監督人の二人分の報酬を払うことが経済的に厳しいときには，補助の申立てを自分ですることをお勧めします。
　補助を利用するには，判断能力が不十分である状態が必要なので，少し自分自身の判断能力に不安を抱いたときに申立てをしましょう。なぜお勧めするのかには，いくつか理由があります。

① 　頼みたいことだけ依頼できる。

　　補助は自分の手伝ってほしいことだけお願いでき，その他のことは自分一人でできますので，保佐や後見のように自分の能力をきつく制限されることがありません。

② 　後見等の申立人の確保

　　後見制度は，誰かが申し立ててくれないと開始できません。身寄りがなく自分しか申立てをする人がいない場合には，市区町村長の申立を待たずに自分で申立てをするほうが確実です。補助が開始すれば補助人が自分の希望したことを手伝ってくれます。認知症が進行すれば補助から保佐もしくは後見に移行する申立てもその人がやってくれますので，安心です。

③ 　ある程度自分で補助人を選べる。

　　誰が補助人になるかは，最終的には家庭裁判所が決定します。ただ，特段の事由がなければ申立書に記載した補助人候補者がそのまま選任されます。たとえば，司法書士に依頼したい場合には，リーガルサポートへご連絡いただければ地域の司法書士を紹介し，補助の申立からお手伝いし，補助人候補者にもなりますので，気の合いそうな方に依頼することができます。

④　自分のことを伝えられる。

　　補助くらいの判断能力レベルでしたら，かなりしっかりしている状態です。したがって，補助人に自分の希望するライフスタイル，お金の使い方を伝えることができ，よりその方らしい過ごし方ができると思います。

　補助は，自分の好きな事だけ依頼できる，使い勝手のよい制度だと思います。極端な例かもしれませんが，老人ホームの入居契約の代理権しか与えられていない補助人をしている事例をご紹介します。

　一人暮らしのＣさんが，老人ホームに入居しようとしたところ身元引受人もしくは後見人等がいないと入居できないと言われてしまいました。かなりしっかりしている方でしたので，任意後見契約も検討しましたが，お金が潤沢ではなかったので，補助制度の利用をすることになりました。生活費の管理や役所の書類への対応などは，ご本人が十分できますので，必要なのは，老人ホームの入所契約の代理権だけでした。かなりしっかりしていて，診断書を書いたお医者さんも，健常者か補助相当の方かの判断に悩まれたほどでした。

　後見等を利用しているというと，預貯金を管理されているイメージがあるかとは思いますが，Ｃさんについては，私は権限が与えられていないので，財産の管理をしていません。

財産を預からずに
サポートするケースもある
ってことやね

補助人に選任された後，Cさんは老人ホームに入居しました。一応与えられた権限の事項は終わっていますが，その老人ホームから別の老人ホームに移動する可能性もありますので，その後も毎月お会いして見守りをしています。毎月お会いする中でいろいろとお話しを伺い，医療の希望等も伺っているので，今後，Cさんの認知症が進行し，保佐や後見への移行申立てをしたときでも，保佐，後見相当の状態で出会った方とは異なり，Cさんのご希望にかなった医療や介護等を選択できる安心感があります。

11.10　すぐできることから

任意後見契約や家族信託が選択肢としてあるのは分かったけれど，いざやろうとするとなかなか気合が必要で大変だなぁ，と思う方も多いでしょう。できたら気合を入れて，これらの対策をしてほしいところですが，気合を入れるまで時間がかかりそうなときは，まずこちらだけでも！

① 財産目録を作成する。
② 医療方針宣言公正証書を作成する。
③ 自己紹介文を作成する。
④ 介護に関する希望をまとめる。
⑤ 葬儀埋葬に関する希望をまとめる。

① 財産目録を作成する。
　親子でも離れて暮らしていると，一体どのような財産を持っているか分からないものです。共働きの夫婦で財産を別々に管理している場合もそうです。自分の財産の把握もかねて，きちんとすべてを引き継いでもらうために財産目録を作成しましょう。
　重要なのは，プラスの財産だけではなく，借金についても記載すること

です。特に忘れがちなのは，人の借金の（連帯）保証人になっているかどうかです。（連帯）保証人になったことがあれば，必ず記載しておきましょう。債務額とお金を借りた人の状態によっては，相続人が相続放棄するかどうかを決定する重要な要素となります。

　自分しか価値を把握していない美術品や着物，宝飾品についても記載をしておきましょう。お父様が亡くなった後に蔵を開けたら，登録証のない日本刀が出てきて慌てたという話を聞いたことがあります。処分するときに必要になる特別な手続きや，換価方法，保管時の注意事項があればそれについても記載しておくとよいでしょう。

② 　医療方針宣言公正証書を作成する。

　先に紹介したもの（128ページ）を見本にして，自分の医療方針の希望を検討し，できたら公正証書で作成しておきましょう。

③ 　自己紹介文を作成する。

　身寄りのない方の法定後見人になり，本人をよく知る人がいないとその方がどのような人生を送ってきたかが分からず，手探りでお付き合いをすることになります。

　自分のくせ，好きな色，言葉，座右の銘，好きな食べ物，苦手な食べ物，アレルギー，好きな洋服のタイプと色，好きな時間の過ごし方，学歴，何部だったか，学校時代の想い出，職歴，職歴での思い出，資格や免許，恋愛，結婚，旅行の想い出，親族との付き合いなど，自分を知ってもらうために必要なことを自由に記載してみてください。

頑張って自分史を
書いちゃうのもええな

第11章　自分がしっかりしているときに準備できること

④　介護に関する希望をまとめる。

　誰に介護して欲しいか，介護の場所は自宅がいいか施設がいいか，施設に入るとしたらどのような所がいいか，何を重視して選んでほしいかを記載しましょう。

⑤　葬儀埋葬に関する希望をまとめる。

　宗派，菩提寺，戒名の要否とその希望，危急時や死亡時に連絡して欲しい人，連絡して欲しくない人，喪主，どのような葬儀でいくらくらいの予算でしたいか，埋葬への希望，墓石や墓碑銘の希望，年忌の希望を記載しましょう。できましたら，葬儀社を決めて葬儀の打合せをしておき，見積りを取っておくと，遺された側としてはとても助かります。遺影希望の写真も選んで一緒に置いておきましょう。亡くなってから葬儀をするまでの短い間に，遺族が慌てて遺影を選ぶのは大変です。ずっと残るものですので，時間かけて自分で選んでおくとよいでしょう。

　項目がないと書きづらい方は　公益社団法人成年後見センター・リーガルサポートのホームページに，「私の成年後見ノート」がありますので，そちらを印刷してご利用ください。

「私の成年後見ノート」　http://www.legal-support.or.jp/note/

第12章
成年後見制度を使うほどではないけれど・・・というときには

親が，成年後見制度を使うほどではないけれど軽度の認知症があったり，病気のために気軽に外出ができないときに，子供が親を手助けするにはどのようにしたらよいでしょうか？

12.1　役所でできる届出

　役所からは健康保険証や介護保険更新のお知らせなど，重要な書類が来ます。子供が親と同居していない場合で，親がこれらの書類の管理を子供に任せたいときには，これらの郵送物の送付先を子供宛てにする変更届け出をすることができます。
　その他，住民税，固定資産税については，納税管理人の届け出をします。担当課ごとに届出をしなくてはならない役所と，1か所ですべての届出ができる役所があります。
　戸籍謄本や住民票（自分が同じ証明書に記載されている場合を除きます），年金の現況届，課税証明書を取得するには，親からの委任状が必要になります。

12.2　金融機関での代理人届

　一番困るのが，預貯金関係かと思います。子供といえども，親の通帳と判子を持って行っても親の預金を降ろすことはできません。金融機関によっては，代理人届もしくは委任状があれば子供でも取引できます。ただし，原則として通帳の名義人本人しか取引できないので，代理人届出が認められなかったり，委任状を持って行っても，取引内容によっては断られることもあります。場合によっては，金融機関の担当者が出向いて本人とお会いして直接取引をすることもあるようです。
　ちなみに，親が認知症で判断能力が衰えている場合には，委任状があっても取引することはできません。その場合には，法定後見（補助，保佐，後見）の利用をしましょう。

第12章　成年後見制度を使うほどではないけれど・・・というときは

12.3　社会福祉協議会のサービスを利用する

　最近，ちょっと物やお金の管理が心配だという方は，社会福祉協議会の日常生活自立支援事業を利用し，日常で必要な範囲での金銭管理（年金受領，税金の支払い，生活費を預金からおろす等），年金証書や通帳，権利証，実印など，大切な書類などの預かりをしてもらうとよいでしょう。

　後見制度とは異なり，全財産の管理を任すことはできず，日常生活の範囲内での金銭管理となりますが，定期的に社会福祉協議会の生活支援員が訪問してくれるので，福祉サービスの相談が気軽にでき，見守ってもらえている安心感もあります。足腰の痛みで気軽に預金をおろしに行けない方や，預貯金の管理に不安で手助けが欲しい方などには便利だと思います。費用もさほど高額ではなく，東京の場合は次のとおりです。

1. 相談や支援計画の作成は無料です。
2. 利用計画を締結した後の生活支援員による援助は有料になります。
　　東京都内の基本料金は以下のとおり（交通費等実費は別途）ですが，利用料の減免などを行っている地域もありますので，ご確認ください。
　　○ 福祉サービスの利用援助，日常的な金銭管理サービス
　　　通帳などを本人保管の場合　1回1時間まで1,000円
　　　（1時間を超えた場合は，30分までごとに500円を加算）
　　　なお，区市町村社会福祉協議会が通帳をお預かりした上で，日常的な金銭管理サービスを利用する場合は，1回1時間まで2,500円
　　○ 書類などのサービスの1ヶ月　1,000円
とうきょう福祉ナビゲーション（http://www.fukunavi.or.jp/fukunavi/index.html）

第13章
成年後見制度の今後の展望
～代行決定から意思決定支援へ

　今後の成年後見制度はどうなるのか。日本が批准した国連の障害者権利条約がかなりの影響力を及ぼすと思われます。現在は，後見人に大きな権限が与えられていて後見人が本人に代わって決定をしていますが，そうではなく，本人が意思を決定することをできるだけ尊重する流れになってきています。

障がい者への差別を禁じ，一層の社会参加を促す国連の障害者権利条約にようやく日本も批准し（世界で141番目），平成26年2月19日から効力を生じています。

　この条約の12条では，本人の意思をできる限り尊重し，他者が代行して決定するのではなく，本人の意思や選好を尊重し，**本人が自分で決めることを支援し，必要最低限の介入にすること**がうたわれています。現在の日本の成年後見制度，特に後見類型は，本人の行為能力を制限し，後見人がほぼ全面的に代行決定できるため，条約に抵触しています。

　条約の履行状況に関する報告書を初回は条約発効後2年以内，以後は4年ごとに提出する必要があるのですが，既に批准し報告書を提出しているチュニジアやスペイン，ペルー等は軒並み勧告がされています。日本も現状のままでしたら，初回の報告時に勧告をされ，成年後見制度を大幅に改正する必要が出てくるでしょう。

かなり厳しく勧告
されるよ、きっと。

せやろなー。
意思決定支援を打ち出していた
イギリスですら勧告されていたし。
しっかり法改正の準備せんとね。

第13章　成年後見制度の今後の展望

　本人の意思決定を最大限尊重すること，法定代理権を完全廃絶することは，理念としては素晴らしいです。しかし現実的ではないので，最終手段として法定代理権等の容認は今後も存続されると思います。たとえば，訪問販売被害に繰り返しあう方には本人のためにも一定の制限が必要ですし，こん睡状態の方については本人が決定権を行使しようがないので（事前に何らかの意思表明をしていない限り），代行して決定せざるをえない，そんな状況もあると思います。

　世界の潮流は，他者による代行決定ではなく，本人による意思決定の支援です。日本の後見類型は，代行決定の制度です。本人の行為能力を画一的に制限し，そして全般的な法定代理権を認めるものなので，条約の理念にはそぐいません。なお，後見の現場では，代行決定できるからといって，なんでもかんでも後見人の好き勝手にしているのではなく，本人の意思をできるだけ汲み取り，推察し，本人による意思決定を支援するような運用がされてはいます。

　国際的に評価されているのは，認知症になったときに備えて予め自分の意思を表明している任意後見制度です。後見類型に比べると利用者数はかなり少ないですが……。現在はあまり利用されていない補助，保佐制度，任意後見をもっと利用しやすくするとともに，後見類型の過剰な能力制限と広範な代理権の範囲を狭めて，本人による意思決定支援を中心にした制度になるよう，成年後見制度を見直す時期に来ています。

　最後になりましたが，本書を執筆するにあたっては，日本橋公証役場の公証人吉田広司先生，江東区権利擁護センター「あんしん江東」様からさまざまなアドバイスをいただきました。また，かふぇきゃっとている様からは，アシスタントのレア君の写真を多数拝借させていただきました。成年後見の現場で，担当している方がほとんど身寄りのない方ばかりで，頼れる人がいない老後について考えてほしいことや準備したほうがよいことを常々伝えたいと思っていたので，税務経理協会の鈴木利美様に本書の企画をいただき感謝しております。

　みなさま，本当にありがとうございました。

付
相談窓口

相談窓口

●公益社団法人成年後見センター・リーガルサポート（司法書士）

http://www.legal-support.or.jp/

本部　03-3359-0541

各地に支部があります。支部の連絡先は本部へ電話問合せもしくはHPから検索してください。

●日本弁護士連合会

http://www.nichibenren.or.jp/

ひまわりお悩み110番　0570-783-110

各地の弁護士会の相談センターにつながります。

●公益社団法人日本社会福祉士会　権利擁護センター「ぱあとなあ」

http://jacsw.or.jp/12_seinenkoken/index.html

電話　03-3355-6546

●全国社会福祉協議会

http://www.shakyo.or.jp/index.htm

各地に社会福祉協議会があります。

著者紹介

藤田真弓　Mayumi Fujita
司法書士，春風事務所所長
「お話を十分伺うこと」を大切にして，不動産・会計の登記，相続，成年後見，債務整理，身近な暮らしの法律トラブルを解決するお手伝いをしています。
簡易訴訟代理関係業務認定司法書士

花沢花子　Hanako Hanazawa
春風事務所看板猫。アメリカンショートヘアー。6歳のときに家を失うも，里親となった著者宅をあっという間に制圧し，ボスとして君臨しています。貫禄ある外観にそぐわず，大人しく一緒に暮らしやすい猫です。日々の様子は，著者のブログ「熟女猫の毛深い手のうえで」(http://ameblo.jp/haru-ka-ze/) をご覧ください。

レア（かふぇきゃっとている看板猫）
　かふぇきゃっとている看板猫ですが常にお店に出てるわけではないので見習い中。
　産まれて間もなく道端に落ちているのをお客様に拾われてきゃっとているへとやってくる。
　先住猫だったタルト兄さんとチーズ姉さんと一緒に暮らす事になったレア君。
　末っ子として猫にも人にも可愛がられ上手♪
　たまに怒られちゃう事もあるけれど仲良し3匹家族です。
　日々の様子はきゃっとているのブログ「気まぐれ看板猫長……見習い中！ vol.2」(http://ameblo.jp/cafecattail2/) をご覧ください。

著者との契約により検印省略

| 平成27年6月1日　初版第1刷発行 | 知っておきたい成年後見制度
A to Z |

著　者	藤　田　真　弓
発行者	大　坪　嘉　春
印刷所	税経印刷株式会社
製本所	株式会社　三森製本所

| 発行所 | 〒161-0033　東京都新宿区
下落合2丁目5番13号 | 株式
会社　税務経理協会 |

振　替　00190-2-187408　　電話　(03)3953-3301（編集部）
ＦＡＸ　(03)3565-3391　　　　　　(03)3953-3325（営業部）
URL　http://www.zeikei.co.jp
乱丁・落丁の場合は、お取替えいたします。

© 藤田真弓　2015　　　　　　　　　　　　　　　Printed in Japan

本書の無断複写は著作権法上での例外を除き禁じられています。複写される場合は、そのつど事前に、(社)出版者著作権管理機構（電話 03-3513-6969，FAX 03-3513-6979，e-mail : info@jcopy.or.jp）の許諾を得てください。

JCOPY ＜(社)出版者著作権管理機構 委託出版物＞

ISBN978-4-419-06223-1　C3032